小学館文庫プレジデントセレクト

考える力がつく本

本、新聞、ネットの読み方、情報整理の「超」入門

池上 彰

小学館

はじめに

近年、日本人の「読書離れ」「活字離れ」が進んでいるといわれています。はじめは若者の読書離ればかりが取り沙汰されていましたが、最近では大人も本を読まなくなっているようです。スマホが普及し、SNSが盛り上がり、ビデオ・オン・デマンドサービスも増え……今の世の中には、簡単に楽しめることが多すぎるのかもしれません。

とはいえ、現代人を夢中にさせるその他のものが、読書の代わりになるかといえばそうではありません。読書の役割が終わったわけではないのです。

たとえばビジネスパーソンなら、読書や新聞などを含めた「活字を読む」という習慣は、必ずやビジネスの武器になります。本を読むことで未来を先読みする能力がつきますし、読書によって身についた教養が、仕事相手とのコミュニケーションを円滑に進めるための糧《かて》になることもあります。うまく本を読めば情報処理能力も高めることができるので、ビジネススキルそのものが上がるということもあるでしょう。これは、私がNHK時代にしみじみと感じたことです。

もしあなたが主婦でも、本や新聞が必要ないというわけではありません。それらを読んで、世界で起きていることを的確につかむことができれば、あなた自身の生活が変わります。たとえば金利が下がっているから住宅ローンを借り換えようと思えたり、今はこの分野の研究が盛んだから、子どもが興味を持つようにこんな本を与えてみようと思えたり。選挙の際、政治家が掲げる公約を見て、その裏にはどんな本音が潜んでいるのか見極めることもできるでしょう。

本や活字とは、つまりは「情報」や「知識」のことです。生きるために必要な情報の中には、漠然とニュース番組を眺めているだけでは手に入らないものもあります。もし手に入るとしても、自分から情報をつかみに行こう、世界を知ろうという気持ちで読書を続けている人と比べれば、はるかに差がついてしまうでしょう。そのわずかな後《おく》れが後々になって響いてくるのもまた、人生なのです。

冒頭で、最近は簡単に楽しめるものが増えたといいましたが、頭に楽ばかりさせていては、考える力そのものが衰えてしまいます。脳は筋肉と同じように、トレーニング次第という側面があるからです。運動をしていた方なら、ケガでしばらくトレーニングを休んだあと、自分の体が思うように動かず驚いた経験があるでしょう。もしかしたら今、みなさんの頭にも同じことが起きているかもしれません。

そこで本書では、考える力を身につけるためにはどうすればいいのか、私の経験をもとに実践的な方法をご紹介していきます。本、新聞、ニュース番組、雑誌、ネット。これら特性の違う媒体をうまく使い分けることができれば、あなたのビジネスも生活も今よりスムーズに運ぶはずです。何より、ものの見方、考え方が変わってくるので、あなた自身が「視野が広がった」と自分の変化に驚くことでしょう。

池上　彰

目次
CONTENTS

第2章 「図解」で理解を深める――49

第3章　新聞の読み方――67

第6章 本の読み方・選び方——103

第7章 何を読んできたのか リーダーたちは——131

第1章
考える力を身につけるためには

「考える力」とは何か

「考える力がない人」が増加しているといわれています。なぜでしょうか？

記憶力ばかりを試すような日本の試験制度も、要因のひとつでしょう。親の過干渉もあるかもしれません。親が先回りして、「○○しなさい」「○○はできた？」と指示を出し過ぎる。要求する前に、何でも手助けしてしまう。大学へ行けば、レポートだってコピペで済ませられる時代です。

こうして育った若者たちが社会人となり、いきなり「自分のアタマで考える」ことを要求されても、ハードルが高いですよね。

いえいえ、若者ばかりではありません。言われたことを無批判に受け入れ、それを処理する能力はあっても、オリジナルな発想に乏しい人は、年齢に関係なく多いのかもしれません。

では、どうしたら考える力を養うことができるのか。

これはもう、何はともあれ、インプットを増やすことから始めるしかありません。

そもそも「考える」とは、自分の中にある情報（インプット）をもとに、自分なりの結論（アウトプット）を導き出す作業です。**質の高いアウトプットをするためには、まずはインプットが不可欠**なのです。

「書く」行為や「話す」行為をアウトプットとすると、インプットは「読む」行為。

さてあなたは、本や新聞をどれくらい読んでいるでしょうか？

総務省の調べ（平成26年　情報通信メディアの利用時間と情報行動に関する調査）によると、紙の新聞を読んでいる人の割合は50代、60代で80％を超えているのに対し、20代では38・0％、30代では47・3％という結果でした。

働き盛りの読書離れも深刻です。文化庁の調査（平成25年度「国語に関する世論調査」の結果の概要）によれば、1カ月に本を一冊も「読まない」と回答した人が全体の47・5％。年代別に見ると、すべての年代で平成14年度の調査より「読まない」の割合が増加しています。

現代のビジネスパーソンは、あまり新聞や本を読みません。情報収集がネットに移行していることもあるでしょうが、残念なことです。私もネットをよく利用するので決してネットを否定するつもりはありません。しかし、情報源がネットだけだと、関心や知識が広がっていかないように思います。ならば、むしろ紙の新聞や本を読んでいるだけで差別化できるのではないでしょうか。考えようによっては、楽な時代になったのです。

考える力を効率的に身につける方法

インプットは大事です。ただ、やみくもにインプットを増やしても、「考える力がつく」とはいえません。私は本が好きで、大学生のときは岩波文庫の目録を見て全部読み尽くしたいと思っていました。本を読むとほっとしていたし、読書は絶対に勉強になると思っていました。ところが、ドイツの哲学者ショーペンハウエルの『読書について』を読んで、頭を殴られたような衝撃を受けました。

ショーペンハウエルは、次のようにいっています。

「読書は、他人にものを考えてもらうことである。本を読む我々は、他人の考えた過程を反復的にたどるにすぎない。習字の練習をする生徒が、先生の鉛筆書きの線をペンでたどるようなものである。だから読書の際には、ものを考える苦労はほとんどない。自分で思索する仕事をやめて読書に移る時、ほっとした気持になるのも、そのためである。だが読書にいそしむかぎり、実は我々の頭は他人の思想の運動場にすぎな

い」（斎藤忍随訳）

本を読んで賢くなったつもりになっていても、それは自分でモノを考える力がついたのとは違うということをいっているのです。

ショーペンハウエルはかなりの毒舌家だと知っていましたが、ショックでした。

しかし、こうもいっています。

「だが熟慮を重ねることによってのみ、読まれたものは、真に読者のものとなる」

これを読んで私は、本を読むということは、いってみればザルで水を汲むのに似ているのだなと自分で勝手に解釈しました。読んだあとは、なるほどとわかった気になるけれど、すぐに水（知識）はザルの網目からこぼれてしまう。つまり忘れてしまう。大量に読んだり、熟慮を重ねて何回も読んだりしていれば、少しずつでも水はたまる。読書とは、そういうものかもしれないと思いました。

とはいえ、**少しでも効率的に知識を身につける方法はないものか。**

実は私は、NHKの「週刊こどもニュース」を担当して、初めてインプットがスムーズになったという思いがあります。

もちろん記者時代、記事を書いてアウトプットをしていたのですが、その時代はとにかく取材したものをそのまま記事にしていただけでした。

記者としての訓練を受けたとき「中学校を卒業して社会経験数年の人にもわかる原稿を書け」と指導されたのですが、自分の知ったことを、小学生にもわかるように伝えようという意識はまったく持っていませんでした。

そういえば新人時代、記者の原稿をチェックする立場のデスクが、「書類送検なんて難しい言葉を使うな、書類を検察庁に送りました、と書け」と指導していたことを思い出しました。「書類送検」とは、警察が容疑者を逮捕しないで取り調べ、調べた書類を検察庁に送ることです。検察庁に送るから「送検」です。

容疑者を逮捕して検察庁に送る場合は「身柄送検」といいます。警察のお世話になった人なら聞いてすぐにわかるでしょうが、一般の人は確かに両方の言葉は知っていても、その違いまで考えたことはないかもしれません。

それまでの私は、自分の知ったことを「伝える」という意識が足りなかった。ただ独りよがりに「これでわかるだろう」と思い込んでいただけだったと思い知りました。

「週刊こどもニュース」を始めてからは、とにかく、小学校高学年の子どもたちにニュースをわかってもらわなければなりません。そのためには、「どのような伝え方をすればいいのだろうか？」という問題意識につながります。そのうえで、「この話を入り口にもってきたらどうか」とか、「何か適当なたとえ話はないだろうか」とか、さまざまなことを調べ始めます。そして、とことん考える。

あるとき、番組で「国の予算」について取り上げたことがありました。「日本は国のお金が足りないので、国債という借金をしています」と説明しました。すると視聴者の子どもからハガキが届きました。

「国にお金が足りなければ、もっとお札を刷ればいいんじゃないですか？」

なるほど、いい質問です。大人なら、国がお札をどんどん刷ればインフレになることを知っています。でも、子どもにはそんなことはわかりません。政府が（正確には日銀ですが）お金をどんどん刷ったらインフレになるということを、どう説明したらいいのか。

そこで経済学の教科書や参考書を片っ端から調べました。ところが、そんな根本的な説明はどの本にも載っていなかったのです。仕方がありません。私は本に頼らずに自分で考えて、わかりやすく説明するための模型をつくってもらいました。

そこで初めて「インプットというのは、こうするんだ」と、わかった気がしたのです。

アウトプットは、インプットの力を引き出すのです。そこで、読者のあなたに提案です。「知識が身についたかな」と思えば、ぜひそれを誰かに伝えてみてください。**実際に伝えてみようとすると、きっと思いのほかうまくいかないはずです。そこで「なぜだろう」と考える。**必要だと思えば、さらに周辺情報を調べていく。たぶんこれが重要なのです。

田舎のおばあちゃんにニコニコ動画を説明できるか

私の場合は、幸いなことに目の前に「わからない」と容赦なく言ってくれる番組出演者の小学生たちがいました。「わからない」と言ってくれるので、何がわからないかがわかります。「何がわからないか」がわかると、そのニュースの説明は8割方はできたようなものなのです。

でも、普通はそういう存在はいませんよね。その場合はバーチャルな存在をつくるのです。

私の場合も、11年間「週刊こどもニュース」で徹底的に鍛えられたことによって、今では何かを伝えようとすると、頭の中に「もう一人の彰くん」が出てきて、「そんな言い方じゃ、小学生にわかんないよ」と突っ込みを入れてくれます。

たとえば、若い人であれば、ネットを使ったことのない田舎のおじいちゃんやおばあちゃんに、「ニコニコ動画」をどうやって説明すればいいんだろうと考えてみてください。おそらく、すでにわかったつもりになっている「ニコニコ動画とは何か」を、おじいちゃんやおばあちゃんに説明できないはずです。

そこで「自分のインプットは不十分だったな」と気がつくのです。「知ったつもりになっていたけど知らなかったこと」を調べていく。この作業をすると考える力がつき、インプットが非常に効率的になっていくのです。

「池上さんはたとえ話を使って物事を説明するのが上手ですね」と言ってもらうことがあります。でも、そのことについて深く知らないままたとえ話をするのは危険です。本当に理解して全体像がわかって初めて「この問題は、たとえるならこういうことです」と説明できるのだと思います。

たとえば、酒井啓子さんという、中東情勢に詳しい国際政治学者がいます。イラク情勢を解説するときに「週刊こどもニュース」に出演してもらったことがあるのですが、こちらが「え?」と驚くほど、ざっくりとした説明をするのです。でも、余計な情報が入っていないので、子どもたちにもわかりやすい。そのうえ、必要不可欠な情報はすべて込められている。内容はもちろん正確でした。

それは、全体像が見えているからこそできるのだと思いました。全体像がわかっていないのに、わかりやすく説明しようと情報を端折《はしょ》ると、おかしな偏《かたよ》りが出てしまったり、そもそも全体像を捉え間違ってしまったりすることになります。

では、深く勉強してその分野に精通すると、なぜ急にわかりやすい説明ができるようになるのか。それは、どこをそぎ落としていいのかが正確にわかるからです。もちろん、たとえも的確になります。

私としては、そこを目指したいと思っているのです。

まずは「自分は何がわからないか」を知る

自分が知っていることを小学生がわかるように説明できるか？　そう考えてみると、自分が〝知ったつもり〟になっているだけのことが山ほどあるはずです。「週刊こどもニュース」を担当して、いろいろ調べて知識が増えるほど、逆に「自分は勉強が足りない」という思いが強くなっていきました。調べるほど無知に気づくのです。

昔から「無知の知」といいます。自分はいかに物を知らないかということを知ること。これが実はとても大事なことではないかと思います。それが、自分にとって何なのかを知ってください。スタートは「自分がいかに物事を知らないか」を自己確認すること。

最近のニュースで少しチェックをしてみましょう。あなたはニュースの「キーワード」をきちんと理解していますか？

ニュースには、難しい言葉や初めて聞く言葉が数多く登場します。その言葉の意味をきちんと理解しないままだと、そこから先へは理解が進まなくなってしまいます。まずは、言葉の中身をきちんと押さえておきましょう。

最近のニュースのキーワードから「タックスヘイブン」（TAX haven）はどうでしょう？ **私はわからない言葉が出てくると、まずその言葉の意味や由来を調べることから始めます。**

「タックス」の意味は「租税（税金）」、「ヘイブン」は「回避地」ですね。タックスヘイブンとは「租税回避地」のこと。でもこれ、「タックスヘブン」（TAX heaven）と勘違いしている人が多いのではないでしょうか。「タックスヘブン」だと「税金天国」という意味になってしまいます。テレビで説明するとき、私はまず、「タックスヘブンではありませんよ」という説明から入ります。

タックスヘイブンとは、世界中の富豪や政治家、スポーツ選手などが、税金逃れに使っているらしいというのはおそらく誰もが知っている情報でしょう。では、どうやって使うのでしょうか？ 日本企業が利用する場合を例に説明してみましょう。

日本では、企業に利益が出たら、その一部を税金として国に納めなければなりません。これを法人税といいます。日本の場合、法人税は29・97％（実効税率）。約3割近くが税金として持っていかれます。

しかし世界には、法人税が0％、もしくはとても安い場所があります。ここにお金を移すことができれば、〝節税〟になる。これがタックスヘイブンです。世界にある、40近くの国と地域がそれにあたるといわれています。今回ニュースになったパナマやケイマン諸島が有名です。

では実際にどうやってお金を移すのか。そのカラクリが「ペーパーカンパニー」です。ここでまた「ペーパーカンパニー」というキーワードが出てきました。

ある企業が「タックスヘイブンに会社をつくりたいんですけど」と、法律事務所に頼みます。すると法律事務所が「会社登記」を代行してくれる。タックスヘイブンに「会社をつくります」と登録し、名前だけの会社をつくってくれるのです。それがペーパーカンパニー。「紙の上だけの会社」です。タックスヘイブンの地域では、簡単に設立することが可能で、いってみれば「私書箱」のようなものです。（法律事務所を深く理解したければ、トム・クルーズ主演の『ザ・ファーム法律事務所』という映画もあります）

企業は、タックスヘイブンのペーパーカンパニーを「子会社」にして、その子会社から物を買って子会社が儲けたかたちにする、あるいは子会社にお金を貸し付けるというかたちにするのです。そうすれば、儲かったお金をタックスヘイブンへ移すことが可能です。

こうして親会社の利益を下げれば、帳簿上は「それほど儲かりませんでした」ということになり、日本で納める税金は少なくて済むというわけです。

結局、それによって税金を払わなくて済めば、その会社にとっては「タックス・ヘブン」（税金天国）みたいなものだともいえますが。

さらに、タックスヘイブンは秘密保持性が高いことが特徴です。

秘密が守られるのをいいことに、犯罪者が麻薬の売買など、犯罪で得たために表で使えないお金をタックスヘイブンへ移すケースもあります。真っ当な事業で得たように見せかけて、活動資金にするのです。これを「マネーロンダリング（資金洗浄）」

といい、世界中で問題になっています。

いかがでしょう? このくらい説明できれば、及第点ではないでしょうか。

言葉の「由来」を探る

ほかにも、キーワードといえば、最近「ドローン」という言葉がニュースによく出てきますね。深く考えずに、単にドローンという名前のものだと思っている人も多いはずです。

ドローンとは、ブーンという蜂の羽音のような音のこと。転じて、そんな音を出しながら飛行する小型無人飛行機を指すようになりました。そういわれてみると、なんとなく蜂に似ている感じがしませんか? 言葉の由来や語源を知ると、「そうだったのか」という新鮮な驚きとともに、さらに興味がわいてきます。

それでいえば、安倍政権が掲げた「新三本の矢」も、大学で学生に説明するときは名前の由来から入りました。中国地方の戦国武将だった毛利元就の「三本の矢」の故事を、今の若い人の多くは知りませんから。

念のため、その故事を説明しておきましょう。あるとき、元就が3人の息子を呼びつけ、それぞれに一本ずつ矢を折らせました。3人の息子はすぐに折って見せます。それを見た元就は「では、次に、三本を束にした状態で折ってみよ」と言います。勢いよく力を入れたものの、誰も三本の矢を折ることはできませんでした。

つまり、「一人の力は微力だけれど、3人の力を合わせればどんな困難にも立ち向かえる」と、兄弟の結束、団結の重要性を説いたというものです。実際にこのやりとりがあったかどうかは実は疑わしいのですが、故事として伝わっています。

安倍首相は山口県出身の総理大臣ですから、アベノミクスの3つの経済戦略「金融緩和」「財政政策」「成長戦略」を、毛利元就の故事にちなんで「三本の矢」というネーミングにしたのでしょう。

ちなみに安倍政権は、2015年9月24日、「新三本の矢」なる政策を打ち出し、すべての人が活躍できる「一億総活躍社会」を目指すと発表しました。アベノミクスは第2ステージへ移行すると宣言しています。

「新三本の矢」とは、「名目GDP600兆円」「希望出生率1・8」「介護離職ゼロ」の3つです。でも、これは方法ではなく、目標ですから、矢ではなく、「的」なんですね。そもそも言葉の使い方からして間違っています。実際にどのような「矢」を用いるのかという具体策ではないということがわかるでしょう。

なお、学生を対象に話をするときは毛利元就の話からしますが、ある程度年齢が高い人は、三本の矢の故事来歴を知っています。ですから一般的な講演の場合は、「そもそも三本の矢の故事を年輩の方ならご存じですよね」と言ったうえで、「でも、実はこの話は後から作られた作り話だといわれていまして……」と言うと、「こんなことも若い奴は知らないのか」と思っていた年輩の方たちが「へぇ、そうなんだ」と聞いてくれます。

こんな体験からも、「知ったつもり」になっていることがいかに多いかを実感するのです。

余談ですが、サッカーJリーグの「サンフレッチェ広島」というチームのサンフレッチェとは、日本語の「3」と、イタリア語の「フレッチェ（矢）」を合わせてつくった造語です。これも毛利元就の三本の矢の故事から名付けられたものです。

ひょっとすると、相手は知らないのではないか。常に自問自答し、伝える相手への想像力を持っていると、考える力は深まります。

似た言葉の定義をハッキリさせる

似ている言葉の違いも、すっと読み流してしまっては考えるきっかけになりません。たとえば「移民」と「難民」。どちらもニュースに出てきますが、実際に「違いを教えて」と言われたら、説明できるでしょうか？　今、欧州連合（EU）を瓦解させかねないほどの大きな問題になっているのは、移民なのか難民なのか。

「難民」とは、1951年に制定された「難民の地位に関する条約」（通称「難民条約」）によって、「人種、宗教、国籍、政治的意見やまたは特定の社会集団などに属するなどの理由で、自国にいると迫害を受けるか、あるいは迫害を受ける恐れがあるために他国に逃れた」人々と定義されています。

移民とは、自身や家族の将来のために「もっとよい暮らしを」と他の国に移り住む人たち。ポイントは、「自国に帰ると命の危険があるかどうか」と考えればいいでしょう。

もちろん言葉の訳も違います。難民は「refugee」、移民は「migrant」。日本のメディアは欧州にやってくる「難民」という表現を用いますが、海外のメディアは「migrant」

を使うことが多いのです。

そうすると、欧州にやってくる人たちは本当に全員が難民といえるのだろうか、という疑問が生まれます。

イギリスが国民投票でEU離脱を決めたことについて、「EUに入っているとヨーロッパから難民が入ってくるので、それを避けようとした」という説明を聞くことがありますが、これは正確ではありません。イギリスに大量に入ってくるのは移民です。難民は、難民条約に入っている以上、無条件に受け入れなくてはなりません。これに対して移民は、EU圏内での自由な移動が認められているのでイギリスにやってくるのです。EUから離脱すれば移民を受け入れなくて済むと考えた人が多かったので、離脱派が勝利したのです。

「民主主義」という言葉も、たびたびニュースに出てきます。あらためて「民主主義って何?」と問われると、どう答えますか? ましてや、「民主主義」「社会主義」「資本主義」「共産主義」の違いについて問われたら、意外とこれらの違いを明確に理解している人は少ないのではないでしょうか。

基本的に、資本主義・社会主義・共産主義とは「経済体制」を表す言葉です。

「資本」とはお金のこと。資本主義の国は、「資本」を自由に持てる状態を表しています。自由な競争によって、利益を追求することを認める。誰もが、お金や土地などの資本を持つことも自由です。

一方、「社会主義」は、経済活動を「社会」で管理しようという考え方です。国が立てた計画に従って経済活動が行われ、富も平等に分配する。いわば「平等主義」ですね。

この社会主義がさらに発展したのが共産主義。社会主義がうまくいけば、みなが豊かになる。みなが豊かになれば、国家同士の争いがなくなり、もはや国境などいらなくなります。これが、共産主義が目指す理想の世界です。

ということは、「共産主義国家」という言葉は矛盾しているのです。国境がなくなり〝国家がない状態〟が共産主義なのですから、共産主義国家など存在しない。今の世界は、資本主義国家と社会主義国家が対立関係にある、というのが現実です。

3つの言葉の意味が理解できたところで、あらためて「民主主義」とはなんでしょうか？　民主主義は「経済体制」を表す言葉ではなく、「政治体制」を表す言葉なのです。

民衆を支配する権利を民衆が持っている政治体制が民主主義で、自分たちのことは自分たちで決めるべきだという考え方です。選挙で自分たちの代表を決めて、その代表者たちが法律や政策を決めます。

この民主主義と対立関係にあるのは「独裁制」です。特定の個人が権力を握って、自分たちは支配される側になります。

ちなみに、国名に「民主主義」が入っているからといって、民主主義を採用しているとは限りません。「朝鮮民主主義人民共和国（北朝鮮）」がいい例です。

言葉の意味を本当に理解しているか、そんなところから考える癖をつけてみてください。

「そもそもなぜなのか」と考える

新聞を読んだり、ニュースを見たりしていると、「そもそもどうして？」と引っかかることはありませんか？

たとえば、2016年のアメリカ大統領選挙でドナルド・トランプ氏がアメリカ共和党の大統領候補に指名されることが確実になったとき、同じ共和党の党首が「我々はリンカーンの党なのに」という発言をしたというニュースが報道されました。

「あれ？ あの奴隷解放のリンカーンは共和党だったの？」と驚く人もいるかもしれません。「奴隷解放」とは、リベラルな民主党が言いそうなことだからです。

アメリカの歴史のどこで、どう変わったのか？

そもそも、共和党の前身である「連邦主義者党」は、北部を地盤とし、連邦政府を支持して奴隷制に反対しました。リンカーンはこちらです。

一方、民主党の前身の「民主共和党」は南部を地盤とし、大規模農場を維持するために黒人奴隷制を続けたいと思っていました。リンカーンのころは、進歩的なリベラル勢力は共和党で、民主党は保守的な党だったのです。今とは逆です。

ただ北部にも民主党員はいました。やがて、移民など宗教的にも人種的にも多種多様な人が流入することで北部の民主党は次第にリベラルな党に変わっていきました。

これに反発した南部の民主党支持者たちが、こぞって共和党に鞍替《くらが》えしたのです。南部の保守的な層を吸収することで、共和党は保守政党になっていったというわけです。

つまり共和党の〝主流派〟にしてみれば、トランプのような人種差別主義者が出てきて、けしからんと思っている。それが「共和党は（奴隷解放をした）リンカーンの党なのに」という言葉につながったのです。

もうひとつ、トランプ関連のニュースで「ネオコンがトランプを叩くほど、トランプの人気が上がる」と発言していた人がいました。

これ、そもそも「ネオコン」を知らない人が聞いたら、「え、どういうこと？」と引っかかりますよね？　専門家は、当然「視聴者はネオコンを知っている」という前提で話をするのです。ネオコンの「ネオ」は、新しいという意味の「ニュー」。コンは「コンサバティブ」＝保守的な、保守派という意味の略です。

ネオコンというのは、元々はリベラルで、「世界を平和にするにはどうしたらいいか」と理想に燃えていた人たちでした。ところが、東西冷戦が終わったことにより「アメリカが一番、素晴らしい」と、ソ連を目の仇《かたき》にしていた共和党が勝ったかたちになった。そこでリベラルに絶望し、共和党に移っていったのです。

転向して、共和党員になったのだけれど、「従来の保守派ではない。まったく新しい考え方の保守派」ということで、ネオコンと名付けられました。世界平和への理想主義はそのままに、共和党員になったのです。

世界に何かがあれば、アメリカ軍を派遣し、悪と戦わなければならない。フセイン政権が大量破壊兵器を持っているなら、叩き潰さねばと、ネオコンはブッシュのイラク戦争を推進しました。つまり、ブッシュ政権を支えたのがネオコンです。

ジョージ・W・ブッシュは、アメリカで「史上最悪の大統領」という不名誉な評価を受けています。そんなとんでもないブッシュとイメージの重なるネオコンがトランプを叩いたということになれば、逆にトランプの人気が上がるということなのです。「そもそも、それってどういうこと？」という疑問にぶつかれば、そこで自分の基礎知識のどこに欠損があるのかわかります。それを調べることで、より理解が深まっていきます。

全体像を把握するためのコツ

アメリカの大統領選挙を取材するにあたり、「あれ、この部分が曖昧だったたな」「ここは知らなかったな」という部分を深掘りして調べていると、さらに「おや？　果たしてトランプ現象は突飛なのか？」という疑問にぶつかりました。

共和党の大統領候補者選びで指名されたドナルド・トランプ氏は「アメリカ・ファースト」を主張しました。つまり「アメリカが一番。米国だけがよければいい」というわけです。

日本や韓国から、米軍を撤退させる可能性にまで言及しました。これまでのアメリカの方針を大きく変えることから、「トランプが大統領になったら、日本はどうなるのか」といった特集がメディアで組まれました。

こうした場合は、**過去→現在→未来の時間軸の中で、世界→国家→個人の動きへと振り返っていくと整理しやすい**でしょう。

アメリカの歴史を振り返ると、「世界の警察官」を気取った従来の方針が、いつも維持されていたわけではないことに気づきます。その典型が「モンロー主義」です。

モンロー主義は1823年、第5代米大統領ジェームズ・モンローが議会で演説して提唱した外交方針です。「欧州は南北アメリカに干渉するな、アメリカも欧州には干渉しないから」という主張でした。

実際、欧州で第一次世界大戦が勃発しても、当初アメリカは中立の立場を取っています。アメリカの客船がドイツの潜水艦に撃沈されたことに国民が腹を立て、世論に押されたことで、当時のウッドロウ・ウィルソン大統領が参戦を決意しました。

第一次世界大戦後、ウィルソンはもう二度と戦争が起きないように「国際連盟」の創立を提唱しました。しかし、アメリカの議会がモンロー主義を掲げて反対します。アメリカは参加せず、第二次世界大戦が始まっても、当初は孤立主義が変わらず、日本軍が真珠湾を攻撃して初めて、アメリカは第二次世界大戦に参戦します。

歴史を振り返ると、「アメリカが内向きなのは昔から」とも考えられます。このことを念頭にトランプ現象を見ると、また見方が変わってくるはずです。

「週刊こどもニュース」でも、少し前の歴史を振り返ることはたびたびありました。たとえば「アメリカ同時多発テロ」も、時間軸で説明しないと、おそらく子どもたちはチンプンカンプンでしょう。

単に「同時多発テロを起こした人は、オサマ・ビンラディンといって、アメリカを憎んでいたんだよ」と言うと、「え？ どうして？」と思うに違いありません。

理由を説明するには、1979年にソ連軍がアフガニスタンを攻めたところから始めなければなりません。

あるいは、「なぜ湾岸戦争が起きたのか」という問いには、東西冷戦が終わったから。イラクのフセインを抑え込むソ連という国がなくなったから、自由になったフセインが好き勝手をするようになった。

少し歴史をさかのぼって「そもそもきっかけは何だったのか」と考える癖をつけることは、ニュースを深く理解するうえで不可欠です。

それで得をするのは誰なのかを考えよう

私は何かニュースがあると、「それで得をするのは誰なの?」と考える癖があります。なにしろ、記者の仕事は「サツ回り」から始まるのです。駆け出し時代は、島根県の松江で3年、広島県の呉で3年サツ回りを中心に仕事をしていました。東京の社会部に配属されてからは、警視庁捜査一課と捜査三課を担当しました。

警視庁捜査一課は、殺人、強盗、放火、誘拐などの凶悪犯罪を捜査する部署です。「誰かが殺された」となれば、「この人が死んだことによって誰が得をするのか」と考えるのが常でした。

ニュースに関しても、利害関係を考えることで見えてくるものは多々あります。たとえば、2016年前半の原油価格の下落です。

原油価格低迷の大きな原因は、アメリカ国内でシェールオイルを大量に産出できるようになったことでした。アメリカはサウジアラビアを抜いて、世界最大の産油国に躍り出ました。これまで原油を購入していたアメリカが、購入をやめるばかりか、これからは輸出もしていく。こうなれば、原油価格は暴落必至です。

原油価格が下がって損をするのは産油国です。通常は、需給関係で原油価格が下がり始めると、OPEC（石油輸出国機構）が価格を維持するために生産量を減らして生産調整をするのですが、2015年11月、アラブ首長国連邦のエネルギー省は「1バレル40ドルに下落しても減産はしない」と発言しました。これがさらに原油安に拍車をかけたのです。ではなぜ、OPECは減産を見送ったのか。

産油国の中でも、サウジアラビアやクウェートのように生産コストが低い国もあれば、ベネズエラのように生産コストが高い国もあります。生産コストが高いベネズエラやナイジェリアが「生産を減らして価格を高くしよう」とOPEC総会で提案したのですが、生産コストが低いサウジアラビアやクウェートなどは反対しました。値段が下がり続けるのを容認したのです。

理由は、アメリカのシェールオイル潰しです。アメリカのシェールオイルは生産コストが高いので、原油価格が安くなると経営が立ち行かなくなるはずです。サウジアラビアは「そのうちアメリカのシェールオイル企業が低価格に耐えかねて、倒産するだろう」と考えたのです。倒産すれば、原油産出量が減って、いずれは原油価格が上昇に転じるだろう。その思惑は当たりました。原油安に耐えられず操業を停止するシェールオイル企業が、相次いだのです。

サウジアラビアにしてみれば、しめしめ。ただ、イランが核開発を中断したことで、イランに対する制裁が解除され、イランは原油の輸出拡大を目指して増産に踏み切りました。これは想定外だったようです。

「誰が得をするのか」と考えることは、起きている現象を読み解く手がかりになります。

情報を流す側の動機を考える

「週刊こどもニュース」が始まったころは、自民党の長期政権が倒れて生まれた細川連立内閣の末期でした。連立内閣をめぐるニュースが毎週のように取り上げられます。

ところが、「武村官房長官が……」と説明を始めようとすると、出演者の子どもたちから「官房長官って何をする人?」という質問が飛び出します。

私たち大人が日ごろよく使っている「官房長官」や「政府」という言葉を、子どもに一言で説明するのはとても困難であるということに気づきました。

あまり考えずに読んでいると気がつかないと思いますが、新聞を読んだりニュースを見たりしていると、「政府首脳」「自民党首脳」「財務省首脳」などといった匿名の人物の発言が大きく報道されることがあります。

いったい誰のことだろうと、考えたことはありますか？　**何の目的で匿名発言をするのでしょう。**

ひとつ目の理由として、総理大臣にしても、官房長官にしても、正式な記者会見でテレビカメラが回っているところでは、本音が言いにくい場合があるからです。正式な記者会見での発言は「官房長官がこう発言した」と、そのまま実名で報道されてしまいます。だから「これについては適宜適切に対処してまいります」などといった発言になるわけです。

でも、建前ばかりでは国民に思いが伝わりません。

そこで、記者会見の後、カメラが回っていないところで記者に対して「政府首脳」が言ったという条件で、「この場合の適宜適切とはこういうことです」と解説するのです。「安倍政権としては、本当はこういうふうにやりたいんです」と伝えたい。でも、それを記者会見では言いにくい場合に、「政府首脳は……」として報じてもらおうというわけです。

こういうルールがあるのですね。

「政府首脳」というのは、内閣官房長官のことです。「自民党首脳」は自民党幹事長であることがほとんどです。「財務省首脳」は財務大臣か、財務省の事務次官です。

2つ目の理由として、「観測気球」として使うためです。古い言葉でいうと「アドバルーンを揚げる」。つまり、ちょっと言ってみて世論の反応を見るために情報を流すのです。

世論が受け入れそうならそれを前に進めていくし、猛反発が起きたり、マスコミがこぞって非難をしたりしたら、なかったことにすればいい。

国民の意見が分かれそうな問題の場合、こうした手法が使われます。

こうした報道が出ると、情報の受け手としては、「どうして固有名詞を出さないのだろう」と考えなければなりません。本音を国民に知ってほしいのか、あるいは観測気球を揚げたのか。動機を推測してみる。

一方、週刊誌などではよく「消息筋によると」「関係者によると」という表現が出てきますね。これはいったい誰のことだろうかと疑問に思ったことはありませんか？実はこれ、書いている本人のことが多いのです。本人が自分の意見や見方を書いているというわけです。

こういう書き方に出くわしたら、眉《まゆ》に唾《つば》をつけて読むようにしてください。これこそ、その記事を信用していいかどうかをチェックするためのキーワードといってもいいでしょう。少なくとも、まともな報道機関は「消息筋」という用語は使いません。

このように、情報源を必ず見ることがポイントです。

世論調査の結果が新聞の一面に大きく載ることがありますよね。

たとえば、「法案に賛成ですか、反対ですか」「内閣を支持しますか、支持しませんか」という質問が、新聞によって違った数値になることがあります。なぜ数値が異なるかというと、質問の仕方が違うからです。

数値だけを鵜《う》呑《の》みにせず、どういう調査をしたのか、質問項目は何だったのか、というところにまで目を向ける必要があるんですね。

世論調査の結果の近くに、調査の詳細は9面に、などとの注意書きが書いてあります。そちらを見ると、どういう質問をしたのか、いつの期間に、全国でどれだけの人を対象に行ったのか、回答率は何%なのか、などの詳細が小さく出ています。

よく読んでみると、世論を誘導するような質問項目もあります。たとえば、「内閣を支持しますか、支持しませんか」という質問に対して、「支持する」「どちらとも言えない」あるいは「支持しない」という選択肢があって、「どちらとも言えない」という人に対して、さらに、「あえて言えば支持しますか、支持しませんか」と、二段重ねで聞いて、漠然として、どちらでもないものを、あえて分けようとする場合があります。そうすると、「支持する」という回答が高く出ます。

もっと明らかな世論誘導もあります。２０１５年4月6日、安全保障関連法案が参院で審議中だったときの読売新聞による世論調査です。１面では、新たな安全保障法制の関連法案の今国会での成立については、「賛成」が32％、「反対」が53％で「慎重な意見が多数を占めた」という記事が大きく載っているのですが、10面の質問項目を見ると、「新たな安全保障法制は、日本の平和と安全を確保し、国際社会への貢献を強化するために、自衛隊の活動を拡大するものです。こうした法律の整備に、賛成ですか、反対ですか」とあるではありませんか。

「日本の平和と安全を確保し、国際社会への貢献を強化するため」のものかどうかを、まだ国会で争っているのに、断定して質問項目を作るのは、誘導しているとみられても仕方がないでしょう。

世論を誘導する質問をしているのに「反対」のほうが多かったのですから、強硬に反対している人が多いことがわかります。

世論調査ひとつをとっても、質問の文章からチェックする。情報を正しくつかむための一歩です。

専門用語の「仕組み」を理解する

シャープが台湾の鴻海《ホンハイ》精密工業に買収されるというニュースには驚きました。シャープは2016年8月、日本の大手電機メーカーとして初めて外資の傘下に入りました。

2016年4月23日号の「週刊東洋経済」を読んでいると、これに銀行のBIS規制が関係しているという記事が載っていました。

「3年前、シャープがメイン2行に役員派遣を仰いで以来、シャープ再建（処理？）は二人の銀行派遣役員の手に委ねられた。銀行からの役員派遣と企業救済がワンセット。極めて日本的な構図である。（中略）しかし、今回のシャープのケースほど、銀行のエゴが目立ったケースは知らない。（中略）メイン行の内の一つが、鴻海のメイン行でもあるということだ。その銀行にしてみると、鴻海が重篤な病気のシャープの面倒を見てくれたら、安心できる。しかも、優先株を簿価で引き取ってくれる。シャープでの損失は鴻海で取り戻せると踏んだのであろう」

つまり、銀行のBIS規制が、シャープを鴻海に買収させたのだというのです。

この記事を理解するには、「BIS規制」の概念が欠かせません。BIS規制とは、

BIS（国際決済銀行）規制という、銀行の自己資本比率に関する規制です。自己資本とはざっくりいえば、融資している金額に対して、自分が持っている財産の割合です。たとえば、融資額が100兆円で、自己の財産が8兆円なら、自己資本比率は8％になります。

1984年にアメリカの銀行が破綻したとき、「too big to fail（大きすぎてつぶせない）」として公的資金で救済しました。銀行だけが救済されるのは不公平だということで、銀行規制の必要性が叫ばれ、このルールが決められたのです。銀行経営の健全性確保を理由に、日本も88年に導入しています。

ルールの内容は、自己資本が8％（国内業務では4％）以下に低下すると、業務ができなくなるというもの。

よって銀行は常に「貸し出している資金」と「銀行自身が持っている資産」の割合を意識しているのです。

銀行が貸し出している資金は顧客からの預金です。貸し出したお金が万一不良債権になったりして返してもらえなくなったら、自分が持っている資産で穴埋めしなければなりません。そのために8％以上の自己資本を持つようにしましょうというのですが、これが貸し渋りや貸しはがしの原因にもなっているのです。

この仕組みを理解しておけば、今回のシャープのケースは、シャープの経営が悪化してシャープへの融資が不良債権になってしまうと困る銀行の都合だった、ということがわかるわけです。

「わかる」とはどういう状態なのか

元京大総長の長尾真氏の著書『「わかる」とは何か』に、こう書いてあります。

「話題になっていることに関連した知識はほとんどもっている、しかしその話題がその知識によって解釈できない、という状態にあって、そこで何かのヒントを得た結果、もっている知識によってその話題が完全に解釈できるということがわかったとき、『わかった！』ということになる。（中略）『わかった！』というのは、知識を得たのではなく、自分のもっている知識によって、ある状況が理解できたという場合である」

私が日ごろ考えていたことを、長尾さんがうまく説明してくれていました。

「わかる」とは、自分がこれまで持っているバラバラの知識がひとつの理論の下にまとまったときです。いわば、知識と知識の関係を示す補助線を引くということです。

あるいは、頭の中でひとつの「絵」にまとまったときです。たとえばニュースでいえば、船の事故が起きるとよく「パナマ船籍の○○丸が……」と出てきますね。日本の船の名前がついていて、日本の船会社の船でも、日本船籍ではない。

船にも人間と同じように国籍（船籍）があるのですが、その多くがパナマ船籍です。

パナマといえば最近は……、そう「パナマ文書」です。パナマは簡単にペーパーカンパニーがつくれるタックスヘイブンです。船を所有していたら、当然それに固定資産税がかかります。パナマに船を所有するだけのペーパーカンパニーをつくれば、税金など、船舶にかかる費用が安く済ませられるのです。

では、パナマはいったいどうやってお金を稼いでいるのか？

パナマでは船には税金をかけませんが、その代わり登録をするとき「登録料」を取ります。登録料が国の収入になるのです。

税金は毎年、毎年払い続けなければいけませんが、登録料は1回。だから世界の船の5分の1がパナマ船籍ともいわれています。よって、海で事故を起こすのもパナマ船籍の船が多いというわけです。知識がつながりました。

ある出来事について、一つひとつの言葉を説明するだけでは、本当にわかっているとはいえないこともあるのです。

次の章では、私たちの理解を助ける「図」についてご説明していきましょう。

第2章
「図解」で理解を深める

何でも図にして考える癖をつけよう

第1章では、新聞やニュースなどの情報に触れ、そこから理解を深めるための方法についてお話ししてきました。とはいえ、何かを見聞きしたとき、瞬時にスッと理解できればいいのですが、そんなことばかりではありません。

東京工業大学の教授だった本川達雄先生からおもしろい話を聞きました。

「人間の左脳は論理をつかさどる脳で、右脳は視覚など五感をつかさどる脳である。物事は論理的に言葉で伝えることが大事だけれども、人間は論理的なものだけで動くわけではない。だから説明には論理と視覚に訴えるものの両方が必要である」

論理的に説明されて何となくわかるけれど、いまひとつ腑に落ちないときにはビジュアル化したもので説明するといい、というわけです。

本川先生には「だから池上さんの説明はわかりやすい」と言っていただきました。

これは、自分でもまったく気がついていないことでした。

ただ単に、図解は自分が何かを理解するときの助けになる。そうすることで難問が氷解していき、理解できるようになると思って図式化していきました。複雑に絡み合った問題を解きほぐすときにも、図解は強力な味方になってくれることを本川先生は教えてくださいました。

ニュースを図にして理解する

自分がわかりにくいと感じるニュースでも、「何とか図式化できないか」と考えてみると、理解のための突破口が見つかりやすいものです。

たとえば、「尖閣諸島周辺の接続水域で、中国の公船が確認された」というニュースです。言葉だけでは「領海」と「接続水域」はどう違うのかわかりにくいのですが、図にすると一目瞭然です（図1）。

海は大きく4つのエリアに分類できます。

図1

それぞれ領土からの距離で決まっていて、領土から12海里＝約22・2㎞が「領海」、領海の外側で領土から24海里＝約44・4㎞までが「接続水域」、接続水域の外側で領土から200海里＝約370・4㎞が「排他的経済水域（EEZ）」で、そこから先は「公海」です。

公海はどこの国のものでもなく、自由に航行できます。海の場合は、排他的経済水域であっても、領海であっても、通るだけなら外国の船でも通る権利を持っています。ただ、外国の船が勝手に漁をしたら日本の法律に基づいて取り締まることができます。

領海の外に接しているのが「接続水域」です。今回、中国の公船が入ったのはこの水域でした。ニュースで「中国公船」という言い方をするのは、これが海軍の船ではなく、「海警」と呼ばれる巡視船であることが多いからです。接続水域も基本的にどこの船でも自由に航行してよい場所ですが、日本が「あやしいな」と思えば「近づくな」と警告したり、監視したりすることができます。

ちなみに「領海」（領土から12海里）をそのまま上空に延ばしたら「領空」です。飛行機は勝手に他国の領空に入り込むことはできません。でも領海には「無害通航権」があり、安全を害することがない限り他国の船が航行できるのです。軍艦でも可能です。では、潜水艦はどうか？　浮上して国籍を示す旗を掲げて航行すればOKです。

組織図は「樹形型」か「階級型」になる

組織図を書くときは、樹形型か階級型になります。会社組織の場合は部門に分かれるので樹形型ですが、中国共産党の組織図は、三角形をいくつかに分割した階級型で表すことができます。

中国共産党の組織図

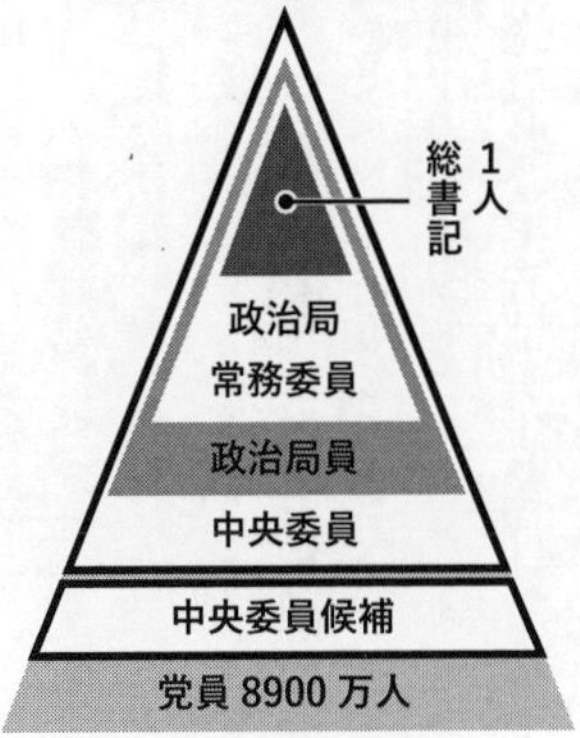

図2

警視庁の組織図

図3

中国は事実上の一党独裁です。中国共産党が憲法よりも上という国なのです。組織はピラミッド構造をしていて、党員は約8900万人。中国の人口が13・5億人ですから、共産党員は6%程度に過ぎず、中国のエリート的存在です。

そのトップに立つのが習近平総書記。習近平を含む7人が中国共産党政治局常務委員で、ここが共産党の最高意思決定機関となっています。たった7人で13・5億人の国民を動かしているのです(図2)。

警視庁の組織図もピラミッド型で表せます。ノンキャリアは「巡査」からスタートし、巡査長→巡査部長→警部補→警部→警視→警視正(ここからが国家公務員。警視正以上の昇進はほとんどが国家公務員I種試験に合格したキャリア組)→警視長→警視監で、「警視総監」が警視庁のトップとなります(図3)。

「ベン図」でわかるアメリカ共和党の二大勢力

集合図であるベン図は、2つ~3つの勢力があり、重複している部分があるときに使うといいでしょう。

トランプ氏を大統領候補に指名したアメリカ共和党。その共和党支持者の二大勢力といえば、「福音派」と「ティーパーティ（茶会党）」です。それぞれどういう人たちなのでしょう。

福音派とは、キリスト教原理主義者のこと。キリスト教の聖書に書いてあることは一言一句すべて真実だと考え、聖書に忠実であるべきだと考える人たちです。人類の起源はアダムとイブなので、「進化論」を信じていません。キリスト教の教えに反するので、人工中絶には断固反対。同性愛者も認めません。

一方、「ティーパーティ」はアメリカ建国当時の精神を貫こうという人たちです。

アメリカはイギリスから独立しました。ティーパーティといえば、思い出すのが独立のきっかけをつくった「ボストンティーパーティ」でしょう。イギリスから課せられた重税に反対する人たちが、ボストン湾に停泊中の貨物船に忍び込み、イギリスから運ばれてきた茶をボストン湾に投げ込み「ティーパーティだ」と叫んだ事件があります。「ボストン茶会事件」（1773年）です。世界史で習いましたね。

「アメリカは、そもそも重税に反対する運動がきっかけで独立を果たすことができた。重税反対がアメリカの国是だ」というわけです。

したがって、政府支出を増やすオバマの医療保険改革（通称オバマ・ケア）には反対。彼らは2009年から、政府支出反対運動「ティーパーティ運動」を展開します。

ティーパーティの活動家たちは、自分たちの意見を国政に反映させようと、2010年の中間選挙に際し、共和党の候補者選びの予備選挙に立候補し、穏健なベテラン議員たちを次々と叩き落としていきました。2012年に行われた上下院議員選挙でも勢力を拡大。共和党の予備選挙でトランプと戦っていたテッド・クルーズも、このときテキサス州から上院議員に当選した人物です。

共和党はティーパーティに乗っ取られてしまったのです。

クルーズ氏は福音派でもあり、ティーパーティ運動の活動家でもあります。クルーズがどんな人物なのかは、ユーチューブの「テッド・クルーズとマシンガンベーコン

アメリカ共和党の二大勢力

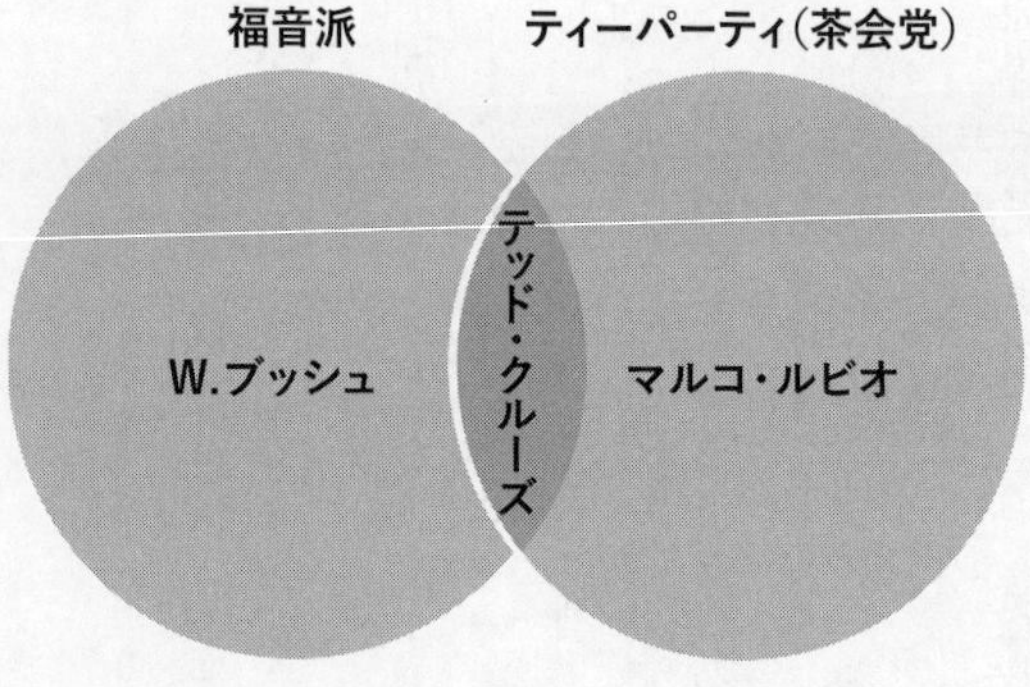

図4

を作ろう」（Making Machine-Gun Bacon with Ted Cruz）というタイトルの映像をご覧いただくとわかるはずです。彼は、銃規制にも反対しています。

同じく、大統領選に立候補した共和党のマルコ・ルビオ氏も、「ティーパーティのプリンス」と呼ばれる人物ですが、福音派ではありません。イラク戦争を起こしたジョージ・W・ブッシュは、福音派です。ブッシュはある日、神の声を聞いたとして、アルコール依存から立ち直ったといわれています。ちなみにトランプ氏はどちらにも属していません。

なんとなく「米国共和党」がどんな党か、わかるのではないでしょうか（図4）。

「ベン図」でイスラム教徒への偏見もなくなる

「イスラム国（IS）」の誕生以降、「イスラム教徒」や「イスラム原理主義過激派」という用語が、たびたびニュースに登場するようになりました。

イスラム国の過激な活動を見るにつけ、イスラム教との関連が深い国々に対して「怖い」と感じている人もいると思います。ですが、イスラム教は、もともと平和を愛する穏健な宗教ですから、この違いはぜひ理解してほしいところです。言葉としては断片的に知られているこれらの事実の互いの関係が、視覚的に明らかになると、イスラム教徒に対する偏見はなくなるはずです。イスラム世界に16億人いるといわれる「イスラム教徒」の中には、「イスラムの理想に返れ」という運動をしている「イスラム原理主義」と呼ばれる人たちがいます。原理主義といっても、この人たちの大多数は平和的な運動をしているのです。その中に、ごくわずかですが、〝武力を使ってでも〟主張を実現させようというグループがあります。それが「イスラム原理主義過激派」です。

この三者の関係を、「集合」の概念で説明すると図のようになります。いかにイスラム原理主義過激派が、イスラム教徒の中の特殊な存在か、わかると思います（図5）。

イスラム過激派の位置付け

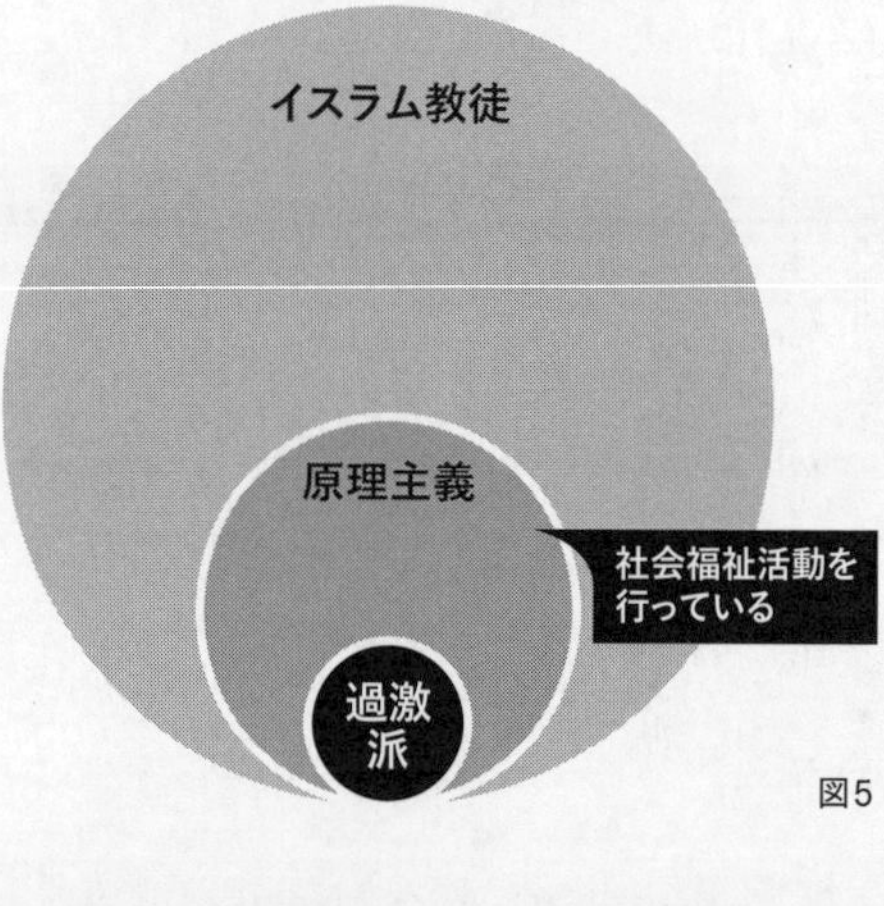

図5

「相関図」で複雑なシリア情勢を整理

ついでに、複雑なシリア情勢を図解してみましょう。

複数の原因や結果、依存関係があるような場合は、相関図を使うとわかりやすいでしょう。

まずは、シリアという国の枠をつくります。シリアでは、アサド大統領が独裁者としてこの国に君臨しています。

シリアはイスラム教徒が多い国です。イスラム教は、「スンニ派」と「シーア派」に大別できます。シリアはスンニ派が多いのですが、アサド大統領はシーア派（厳密にはシーア派系のアラウィ派）。つまり、シリアという国は、少数派のシーア派系の大統領が、大多数のスンニ派の国民を支配している国だったのです。

ここにチュニジアで起こった「アラブの春」が飛び火し、民主化運動が始まります。アサド政権の軍（シリア軍）は、これを弾圧しました。

ところが、シリア軍の兵士たちの多くは、同じスンニ派のシリア国民です。当然、民主化運動を始めた国民たちを弾圧することには抵抗があります。そこで反発したシ

シリア情勢が一目でわかる

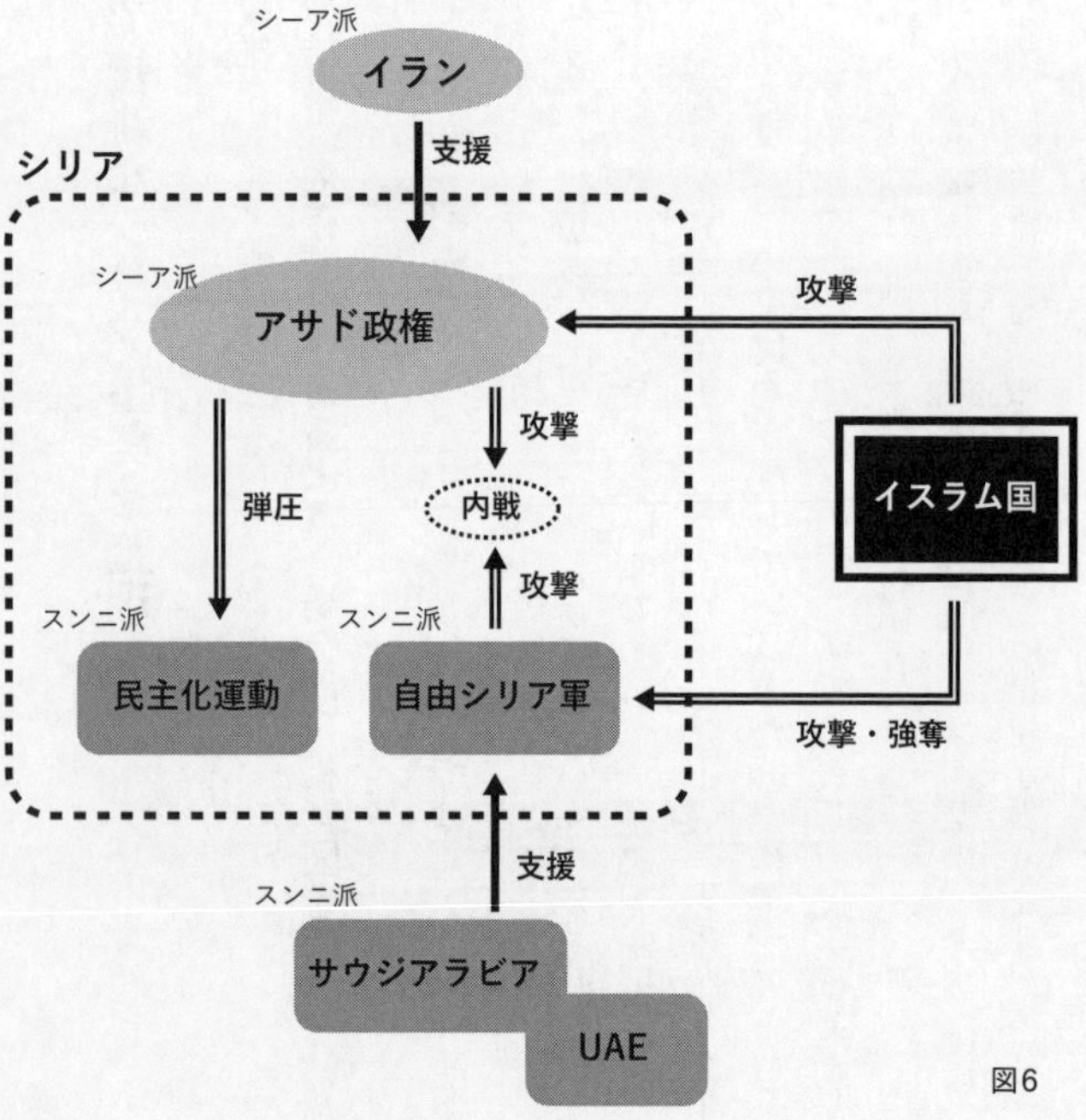

図6

リア軍の一部の兵士が反アサドに転じ、「自由シリア軍」を組織するのです。

こうしてシリアは内戦状態になっていきます。「自由シリア軍対アサド政権」という対立構造が生まれました。

シリアが内戦になると、スンニ派の国（サウジアラビアやUAE＝アラブ首長国連邦）が同じスンニ派の自由シリア軍を応援します。これに対し、シーア派のイランはアサド政権側を応援します。結果的に、シリアの国内は、サウジアラビアvsイランの代理戦争のようになっていったのです。

これに目をつけたのが隣国イラクの「イスラム国（IS）」でした。イスラム国はここに介入し、三つ巴《どもえ》の戦いとなります。

あろうことかイスラム国は双方を攻撃したのです。自由シリア軍はサウジやUAEから多額の援助を受け、最新の武器を持っていました。これをイスラム国が強奪しました。こうしてイスラム国が強い力を持って、イラクへと勢力を伸ばしたのです。

複雑な出来事はとくに自分の頭の中で咀嚼《そしゃく》してみて、図解を試みてください（図6）。

座標軸ですっきり整理

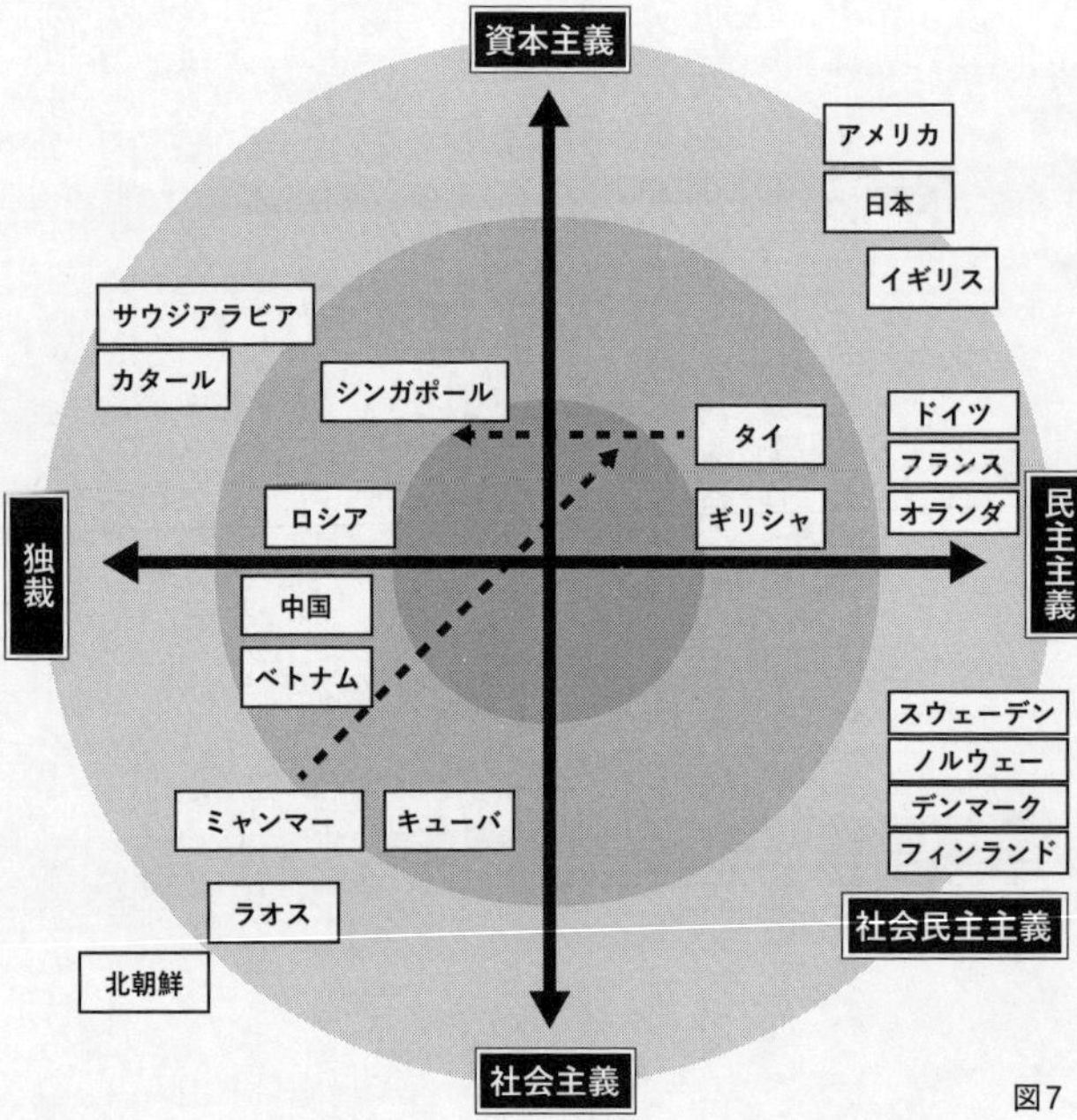

図7

「座標軸」で日本がどんな国かわかる

座標軸は、2つの指標に対して、要素がどういう位置関係なのかを見るときに使うといいでしょう。

先に、資本主義の対語は社会主義であり、民主主義の反対は独裁制である、と説明しました。

世界的に見ると、資本主義体制でありながら独裁制をとる国家もありますし、社会主義的な政策をとりながら民主主義と両立させている国家もあります。

ただし、資本主義で経済活動を自由にしようとすると、国民の考え方も自由にしていく必要があるため、資本主義と民主主義には親和性があるといえます。

日本は現在、資本主義と民主主義をとっています。

それでは、日本が世界の中でどんなポジションにある国なのか、座標軸を用いて示してみましょう。

イギリスの「エコノミスト」誌関連のシンクタンクが世界167の国と地域を対象に発表している民主主義ランキング（2014年版）では、日本は20位にランキングされています。

ということは、日本は先進国の中では、決して上位ではないということです。その大きな理由のひとつは、選挙における国民の投票率の低さ。投票に行かないのは、民主主義が成熟していない証拠とみなされます。もうひとつの理由は、女性の国会議員が少ないこと。昔より女性議員が増えたとはいっても、世界的に見ればまだまだ「女性議員が多い」とはいえない状況なのです。

日本の民主主義のレベルを座標軸で表すと、62ページの図のような感じでしょうか。ミャンマーは半世紀続いた軍事政権に終止符を打ち、今、急速に民主化を進めています。逆にタイは民主的な国でしたが、クーデターで軍事独裁政権になってしまいました。アメリカやイギリスは、強欲な資本主義で格差が広がっていますが、北欧は社会民主主義で福祉が充実しています（図7）。

このように図解することで頭が整理できます。ただし、複雑な出来事の場合、むしろ単純化は出来事の本質を歪《ゆが》めてしまう恐れがあります。それを避けるためにも、きちんと全体像を理解しようという姿勢が大事です。

考える力をつける、情報源の使い分け方

ここまで、考える力を身につけるための情報の読み方をお話ししてきました。とはいえ、情報源はテレビ、ラジオ、新聞、ネット、本と多種多様です。そこでここからは、それぞれの特徴と使い方をお伝えしましょう。

私たちはふだんの生活の中で、知らずしらずにフローの情報を追っています。**「フロー」というのは文字通り、流れていくもの。テレビやネットで見るニュースや新聞など、日々新たに伝えられ、すぐに消えていく情報**です。

一方、**「ストック」とは、本や辞典などのように保存されて、いつでも見ようと思えば確認できるもの**です。

もし、考える力を身につけたいと思ったら、毎日のフロー情報の中から「わからない」を見つけてください。それからわからない部分をストック情報にあたってみるのです。

基礎的な知識がない分野について下地をつくろうとする場合には、それこそ机に向かって勉強です。一度基礎がわかってしまえば、その後、新聞の記事を読んだときに

も「ああ、あの話は今こうなっているんだな」「なるほど、こう展開しているんだ」と、日々のニュースを追いかけるだけで理解できるようになります。それこそ、記事の見出しに目を通すだけで十分のことも多いのです。

ストック情報にあたることで、フロー情報の見え方に奥行きが出てくるのです。

私たちが接しているフロー情報は、テレビ、ラジオ、新聞、ネットと多種多様です。それぞれの性格を知ったうえで利用法を考えなければなりません。そこで次の章から、私がいつも実践している個人的な情報収集術を、具体的にお伝えすることにしましょう。

第3章
新聞の読み方

私が新聞好きになったきっかけ

私は新聞が大好きです。小学生のころから、新聞を読むのが日課でした。といっても、政治面や経済面は難しくて読めません。読むのは主に、社会面や連載小説や4コマ漫画でした。

新聞のスクラップを始めるようになったのは、中学2年生のときです。きっかけは、1964年のオリンピックでした。保健体育の宿題が、「東京オリンピックを報じている新聞のスクラップを作りなさい」というものだったのです。

私はどちらかというと、新記録や選手の華麗な演技ではなく、人間ドラマのほうに興味がありました。国同士は対立しているのに、選手同士では友情が芽生えたりする。世界のさまざまなことについて興味関心を持つようになったのは、このスクラップ作りがきっかけだったと思います。

フリーのジャーナリストになったあと、ある新聞記者に、「どうして池上さんは、そんなにニュースに詳しいんですか」と尋ねられました。「毎日、新聞を読んでいるからです」と答えたら、苦笑していましたが。

新聞記者は、それぞれの担当分野の取材に忙しく、担当分野以外の記事は意外にも読まないのです。

新聞の情報量は新書2冊分

最近は、若い人が新聞を読まなくなりました。若い人が新聞を読む習慣がないまま親になると、その子どもも家で新聞を見ることがなくなります。そのまま成長して就職活動となったとき、いきなり「日経新聞を読みなさい」と言われる。ハードルが高すぎて何が書いてあるかわからないから、結局「新聞は難しい」で終わってしまう。そんな悪循環が続いています。

新聞をとらないというのは、個人的にはとてももったいないことだと思います。もちろんネット、テレビ、ラジオの情報にも、それぞれ利点はあります。でも、気軽に手にとって好きな時間に好きな場所で自由に読むことができる新聞は、元祖モバイル、元祖ケータイだと思うのです。

さらに、その新聞に入っている情報量は、朝刊は文字にしてざっと20万字。これは、書籍にすれば新書2冊分の文字量に相当します。

新聞を毎日読み続けていれば、知らずしらずのうちに膨大な情報量と接していることになり、その情報量が、やがて大きな威力を発揮するのです。

新聞の魅力は、興味関心が広がること

新聞の魅力は何かと問われると、私は「ノイズ」と答えます。ノイズとは、「勝手に入ってくる情報」のことです。新聞を広げると、自分に興味関心のないことも向こうから飛び込んでくる。そこから興味関心が広がっていくのです。こんなことがあったのか、少し調べてみようかな、と。

インターネットの場合、自分の関心のある物事については自分で検索するし、こちらに関心があるであろう情報を向こうからも送ってくれます。あるいはTwitterでも、知り合いやフォローしている人は、感性が似ていたり趣味が同じだったりします。すると結局、自分と似た興味関心を持っている人の情報ばかりが入ってきます。それでは幅が広がっていきません。結果として関心があることには詳しいけれども、それ以外には全然興味を持たなかったり、知らなかったりということになります。

ビジネスパーソンなら、とりわけ営業職といった場合、誰とでも会話ができなけれ

ばなりません。専門分野以外のことでもいろいろなことを他人と語れる。その興味や知識の幅が大事なのではないでしょうか。

新聞のレイアウトだと、自分が読みたい記事を探しているうちに、その横にある全然違う話がどうしても目に入ってきます。その思いがけない出合いがおもしろくて私は毎日、新聞を開いているのです。

ジャーナリストの津田大介さんが、興味深いことを言っていました。

津田さんは、ニュース番組のナビゲーターを担当するようになってから、以前に比べて新聞をきちんと読むようになったそうです。「だけど、書いてあることが難しくて頭に入ってこない。世の中の人はこんなものを読みこなせるほどのインテリジェンスがあるのか。こんな難しいもの、よく読んでいられるな」と思ったそうです。でも、彼も思い返してみると、中学生や高校生のときは、普通に新聞を読めていたのだとか。

なぜ新聞が読めなくなったのかと、自分なりに理由を分析してみたそうです。

結論は、今の新聞は「前提」が省略されていることが多く、それが「一見《いちげん》さん」にとってわかりにくくなっている原因だろうということでした。

なるほど。アメリカの新聞の場合、一つひとつの記事が大変長いのが特徴です。今まさに動いているニュースの場合、途中経過ばかりでなく、そもそもの歴史から丁寧に書き起こしています。その日から新聞を読み始める人がいても、どんなニュースかわかるようになっているのです。一部で宅配もありますが、多くは街頭売りだからでしょう。わかりやすく書かないと、新聞を買ってもらえないのです。

これに対して日本の新聞は、宅配制度なので毎日連続で読むことが前提。いわば巨大な連載ものです。新聞記者は「読者が毎日、読んでいるという前提で書け」と叩き込まれます。これではいけないのです。

これが「そもそもこれは……」と解説する「週刊こどもニュース」が、実は大人に支持されていたということにつながるのです。

公開！ 池上流「新聞スクラップ」術

では〝新聞中毒〟ともいえる私が、毎日どんなふうに新聞と付き合っているのかお伝えしましょう。

NHKに勤務していたころ、家でとっていた新聞は2紙です。残りはすべて会社で読めました。ですから、辞めてフリーになって真っ先にしたことが、「郵便受けの改造」

です。

私の朝は、自宅に届けられる（送ってくださるものを含め）10の新聞に目を通すことから始まります。『朝日新聞』『毎日新聞』『読売新聞』『日本経済新聞』『中国新聞』『信濃毎日新聞』『大分合同新聞』『京都新聞』『朝日小学生新聞』『毎日小学生新聞』の10紙です。

でも、**朝はあくまでザッと目を通すだけ**。この段階では読みません。本文は読まずに、見出しを見て、「どんな記事をトップに持ってきたのかな」とか「この記事はあとで読んでみよう」といった具合に、1面から最後のページまで目を通します。8紙合わせてもほんの15分か20分で済んでしまいます。時間がない人は、左ページだけに目を通すのでもいいでしょう。新聞は右ページよりも、1面、3面など左ページ、中でも右上に重大なニュースが載ることが多いからです。

家を出ると、『東京新聞』と『産経新聞』を駅のキオスクで買って、電車の中で読みます。朝はこれでおしまいです。

読むのは夜です。朝、目を通した12紙をあらためて取り出して読み直します。この段階で、**とりあえず取っておこうと思った記事は、そのページをビリビリと破いてしまいます**。破り取るのは、1つの新聞でだいたい1ページないし2ページでしょうか。

この時点では、まだ破いたまま「積んでおく」だけ。そして破り取った紙面以外の部分は、古紙回収用の袋に入れてしまいます。

ビリビリと破いた紙面をどうするのか。とりあえずそのまま寝かせておきます。「ニュースを寝かせる」のです。

どうしてこんなことをするのか。ニュースは、新しいから「ニュース」というのです。ほとんどの記事は、新聞に掲載された時点では、どの程度のニュースバリューがあるかわかりません。新聞に大きく取り上げられたからといって、それが重大なニュースとは限らないのです。

たまたまその日、大きなニュースが少なかったら、それほどでもないニュースが相対的に大きく扱われているかもしれない。逆に、掲載面積が小さくても、他に重大なニュースがたくさんあったから、小さく扱われただけかもしれない。

破り取ったニュースにどれほどの価値があるのかは、しばらく経ってみないとわからない。そこは自分の頭ではなくて、時間の経過に判断してもらおうというわけです。

では、どのくらい寝かせるのか。**だいたい数週間経った段階で、あらためて取っておいた記事を読んでみる。**その段階で、「ああ、このニュースはもういいや」と思えば、その時点で古紙回収袋行き。「やっぱりこのニュースは取っておこう」と思った記事は、

この段階で初めて記事を切り抜いてA4の紙に貼り、ファイリングしていきます。

ファイルの台紙は、不要になったA4のコピー用紙の裏です。コピー用紙なら、一つひとつの記事を単体で動かせるので、いつでもファイル間を移動させることができます。よって、コピー用紙に貼り付けるときは、どんなに小さな記事でも必ず一枚の紙に一つの記事しか貼りません。

最初は「政治」「経済」「国際情勢」というように分類し、ジャンル分けのシールを貼ったクリアファイルに投げ込んでいたのですが、時間が経つにつれ、「国際情勢」の中でも「中東」「アメリカ」と、だんだん細分化していきました。ですから、今ではものすごい数のファイルになっています。

一度クリアファイルに入れた記事を読み返すタイミングは、決めていません。でも、こまめに分類していると、たとえば鳥インフルエンザがニュースになった場合など、「以前はH1N1型だったけど、今回はH5N1型らしい、どう違うのかな」とか、ファイルを引っ張り出し、過去と比較してニュースを考えることができます。目の前で起きている事件だけを材料に考えるよりも、ずっと理解が深まるわけです。

ちなみに、スクラップしておくと役に立つものが多いのは、3ページ目の総合面です。

あなたもぜひ「最初のうちは、ひとつでも詳しくなれる分野があればいいな」くらいの感覚で、新聞をスクラップしてみてください。その前に、紙の新聞を購読しなければなりませんが。

新聞の長所とネットの長所のいいとこ取り

ネットの魅力はスピードです。その速報性には無視できないものがあります。たとえば2016年6月、北海道で行方不明となっていた小2男児が、北海道の自衛隊関連施設で保護されたとのニュースは、私もネットで知りました。

とりあえず見つかったというのはわかりますが、その背景に何があったのかなど、詳しいことはわかりません。当然、その夜のテレビニュースを見れば詳しい経緯など丁寧に伝えてくれるのでしょう。でも、そのためには長い時間テレビの前にいなければなりません。その時間、家でじっくりテレビを見る時間はない。そんなときは、翌日の朝刊を見れば、すべてが凝縮されているというわけです。

同じく6月、安倍晋三首相が消費税増税を先延ばしにするというニュースがネットで出たとき、翌朝の朝日新聞には、麻生財務大臣がいかに抵抗したかということや、谷垣幹事長が番記者に対して言ったというオフレコ発言まで長い分析記事が載っていました。私にとってネットの速報は、いわば翌日の新聞の目次のようなもの。次の日の朝刊で、じっくり中身を確認します。

「新聞は難しい」と感じている人でも〝読み方〟さえ身につければ「欲しい情報を短時間で入手できる便利なメディアなんだ」ということに気がつくはずです。

専門用語は読み飛ばしてもいい

かくいう私も、昔は新聞を読むのに大変な時間がかかりました。専門用語がたくさん出てきて、わからないことが多いからです。でも、基本的に専門用語は読み飛ばしてもいいものです。何度も出てくるうちに、文脈からその用語の意味がだんだんとわかってきます。

そうして徐々にストックの知識がたまったおかげで、新聞などの日々流れるフロー情報の見出しを見ただけで、どういうことが書いてあるかわかるようになっていきました。

ときにはフロー情報の精度までわかります。ストックの知識があれば、「あれ？このニュースの捉え方はおかしいな」ということに気づくのです。

たとえば2016年5月に日本で行われた伊勢志摩サミットの前日、安倍首相がG7各国首脳を連れて伊勢神宮を参拝しました。正宮《しょうぐう》の前では、記念撮影をしていましたね。翌日の新聞を見ると、読売新聞と日経新聞は「安倍首相はサミットの成功を祈願した」と書いてありました。

この記事を読んで、私は「おや？」と思いました。内宮《ないくう》の正宮では、個人的な願い事をしてはいけないからです。近くの荒祭宮《あらまつりのみや》では願い事をしてもいいのですが、伊勢神宮は日本という国の守り神。国家の安泰を祈願するのならギリギリゆるされても、「イベントが成功しますように」とか「出世できますように」とか個人的なお願いはすべきではないのです。

おそらく、保守派の安倍首相ならそのことは知っていたはずです。よって、サミット成功祈願などあり得ないと思ったのです。

こういう記事を見ると、記者もデスクも知らなかったのかな、と少し残念な気持ちになります。

ニュースを読み解けば未来を見通せる！

自分で考える技術を身につけるために、コンサルタントなどはよく「空」→「雨」→「傘」の発想法を用いるといいます。

空「出かけようと思って空を見上げると雲がかかっている（事実確認）」→雨「少ししたら雨が降りそうだ（事実解釈）」→傘「傘を持って出かけよう（判断）」といった問題解決方法です。

これは新聞を読む場合にも、あてはめられるでしょう。

2016年6月3日の日経新聞の2面に「新パナマ運河　日本船一番乗り　郵船の大型船LPG船」という見出しがありました。

この見出しを見て、あなたなら何を考えますか？

パナマ運河は古くて狭かったので、パナマ運河を通るタンカーは必ず幅が決まっていました。パナマ運河を通る多くの船が制限値ギリギリの設計でつくられていたのです。これを「パナマックス」といいます。この拡張工事がいよいよ終わったという記事です。これが「空」＝「事実確認」です。

すると、何がどうなるのか。アメリカは中東から石油を輸入するとき、大西洋を通るのでパナマ運河は通りません。パナマックスの幅を気にすることはなかったわけです。

そのアメリカが、シェール革命で中東からもう石油や天然ガスを買わなくなった。むしろアメリカが、石油や天然ガスの輸出国になった。

アメリカが日本に石油や天然ガスを輸出するときには、パナマ運河を通らなければいけません。しかし従来のアメリカのタンカーの幅ではパナマ運河を通れません。今後アメリカの船がパナマ運河を通れるようになれば、日本への輸出が増えるでしょう。日本としても入手先が増え、中東情勢に左右されず安定供給が期待できます。

また、新たなコンテナ船が必要になるので、造船業界にとっては新たな需要が生まれるでしょう。これが「雨」＝「事実解釈」にあたります。

それから先は、「じゃあ、造船会社の株を買ってみようかな」といった「判断」ができるかもしれません。まあ、今さら遅いでしょうが。投資家なら「アメリカが天然ガスを輸出することになった」というニュースに接した段階で、これだけの連想をしているはずですから。

ひとつのニュースを読んで「ああ、そうか」で終わらせず、同時進行の複数のニュ

ース、それから過去のニュースを結びつけることで、そこでは何が起きているのか、これからどうなるのかを予想する。これがまさに「ニュースを読み解く」ということです。

知っておきたい日経新聞の注意点

ビジネスパーソンなら、たいてい日経新聞を読んでいるでしょう。ビジネスパーソンが日経新聞を毎日読むのは、スポーツ選手が毎日筋トレをするようなもの。通勤電車の中では8〜9割の人が日経新聞を読んでいます。ただ、もしかしたら「日経新聞さえ読んでいれば十分」と思っていませんか？

日経新聞にだって、問題点がないわけではありません。日経新聞はどうしても企業寄り（経団連寄り）になりがちで、企業を批判するような記事はあまり見かけません。日本経済全体についても、悪いニュースは扱いが小さかったりします。つまり、日経新聞だけを読んでいると、**経済のマイナス要素を見失う恐れ**があるのです。

さらにいえば、日経新聞は経済専門紙なので、記者はみんな経済の専門家だと思っていませんか？　しかし、誰だって入社したばかりのころは企業についての知識も乏しく、取材も素人です。

実際、読んでいて「経済専門紙なのに、なんでこんな初歩的な間違いを書くんだろう」と首をかしげる記事が出ることもあります。日経新聞自体は信頼できる新聞ではありますが、その辺をかぎ分けながら読む必要があります。

もちろん、日経新聞には大変優秀な記者が揃っています。そういう記者たちは、よく署名記事を書いています。「この記者の書く記事なら、読まなければ」と、必ず読むようにしている記者が、私には何人もいるのです。

蛇足ですが、日経新聞の夕刊というのは、明らかに主婦向けの紙面づくりをしています。朝刊は夫が持って仕事に行くからでしょう。主婦が読むことを想定しているので、女性の生き方についてや、文化、趣味などの話題が多くなっています。

国際派を目指すなら、海外の新聞にも目を通したほうがいいでしょう。

経済紙ということでイギリスに目を移すと、『フィナンシャル・タイムズ』が有名です。これは本当にわかりやすい英語で書かれているので、アメリカの『ニューヨーク・タイムズ』に比べ、経済に関する専門用語さえ知っていればすらすらと読めます。

グローバル時代ですから、ぜひチャレンジしてください。

隙間時間に気軽に読むべし

繰り返しますが、新聞は持ち歩けるのが魅力です。新聞を読むには、隙間時間を利用してください。行列のできるラーメン店で待っている時間、電車での移動時間、そんなときに気になる記事をちょっと読んでみる。その記事を破ってみる。新聞は、決して隅から隅まで読まなければならないものではありません。肩に力が入っていては長続きしないので、気軽に付き合うことです。

最近は、「メディアリテラシー」という言葉がよく聞かれるようになりました。リテラシーというのは「読み書きの能力」という意味です。したがって、メディアリテラシーというのは、「メディアを読み解く能力」ということになるでしょう。要するに「情報を鵜呑みにせず、物事の本質を正しく見抜く目を持って、上手に活用する力」ということです。

私自身も、十分なメディアリテラシーを持って情報と上手く付き合っているなんて思っていません。いつも試行錯誤の途中です。

あえて読者にアドバイスするとしたら、さまざまな情報ととにかく付き合ってみましょうということです。

さまざまなメディアに触れ、いろんな情報を集め、咀嚼して自分なりの判断基準を持つ。同じニュースでも新聞によって切り口が違うし、新聞だって間違えることはある。だからこそ読み比べが大事だし、異なる視点に触れるためには、他のメディアに接することも大事です。

というわけで、次の章では、私の〝新聞以外〟の「フロー」のメディアとの付き合い方をお伝えしましょう。

第4章
雑誌・ネット・テレビの見方

私はこんな雑誌を読んでいる

雑誌はまた、新聞とは違った魅力を持っています。速報性ではネットや新聞にはかなわないぶん、図解や写真が豊富でわかりやすい構成になっています。「センテンス《文》・スプリング《春》」（週刊文春）のように、スクープで勝負をしているところもあります。

では、**雑誌の魅力は何かというと「分析」「解析」**です。とくに最近の経済専門誌は競争が激しい中、各誌とも旬のテーマを掘り下げていて、読みごたえがあります。毎週、目が離せません。

私がふだん定期購読しているのは、経済誌では、『週刊エコノミスト』『週刊東洋経済』『週刊ダイヤモンド』『日経ビジネス』の4誌です。

新聞が日々のフローのニュースを伝えているのに対し、経済専門誌は、やや長い期間で見た経済の動向を分析しています。新聞の経済記事とはまったく異なる視点で書かれた内容が多いので、今一度頭を整理し、自分なりの視点を獲得するうえで役立ちます。

海外の雑誌ではアメリカの『TIME』、イギリスの『エコノミスト』『フォーリン・

アフェアーズ』。これ以外の雑誌では『文藝春秋』『中央公論』『新潮45』『ニューズウィーク日本版』『FACTA』『選択』です。

『FACTA』と『選択』は、既存の新聞などで扱わないテーマが取り上げられたり、各業界を取材している新聞記者が、本誌に書けなかったような裏ネタを書いていたりします。表に出ている情報と比べることで、「なるほど、表のメディアではここが書けなかったんだな」ということがわかります。

雑誌専門の図書館「大宅壮一文庫」をつくった、昭和を代表する評論家でジャーナリストの大宅壮一氏は、「雑誌の中には変わった意見だとか、ちょっと外れた意見が平気で書かれているから、それを自分で読み取って判断することが大事だ」といっています。

まったくその通りだと思います。

雑誌だってスクラップしよう

私は定期購読をしている雑誌以外にも、毎週「どの雑誌の特集がおもしろいかな」とチェックして、書店で買っています。

たいてい、「読みたい」と思う記事が2つ以上あれば買うことに決めています。買った雑誌については、徹底的に利用します。「これは取っておきたい」と思った特集は、そのページを切り取ってしまうのです。切り取ったページは、新聞記事のスクラップを収納してあるファイルにテーマごとに一緒に入れておきます。

重要なニュースというのは、時間をかけて影響が出てきたりしますから、新聞とともにデータとして手元にストックできるということが私には重要なのです。「流れていかない」ことは、デジタルでは得られない「アナログ」ならではの良さです。

英字誌のわからない単語は読み飛ばす

英語版の雑誌に関しては、中身をしっかり読めるだけの英語力があるわけではないのですが、気になる記事は頑張って読むようにしています。といっても、わからない単語が出てくるたびに辞書を引いたりするのではなく、理解できない単語があっても、基本的にはそのまま読み飛ばします。

それでいいのだと割り切っています。だって、あなたはどうやって日本語を覚えていきましたか？　親のしゃべっている、わからない単語の意味をいちいち聞いたりしないでしょう。何度も何度も同じ言葉が出てくるうちに、この文脈で使われるということは、こういう意味かなと、なんとなくわかっていく。英文読解なら一つひとつ辞書で引きますが、英字誌を読むときは「この文脈で出てきたということは概《おお》ね《む》こんな意味だろう」と推測しながら読む。そのうち、記事の内容が頭の中に入ってくるものなのです。読めるところだけ読んでいるうちに、読めるようになっていく。

ただ、どうしてもキーワードになる単語がわからないときだけ、辞書を引くようにしています。

『フォーリン・アフェアーズ』は、アメリカの外交問題評議会というシンクタンクが発行している雑誌の日本語版です。世界情勢を知るうえでとても参考になります。アメリカの外交のあり方についての論文が掲載されているので、世界の外交関係者が注目しているのです。

ウクライナ危機が起きたとき、国際政治学者のジョン・ミアシャイマーが「ウクライナ危機を誘発した大きな責任は、ロシアではなく欧米だ」というレポートを寄稿していました。「欧米がNATO（北大西洋条約機構）の東方への拡大策をとり、ウクライナをロシアの軌道から切り離して欧米世界に取り込もうとしたことにある。同時に2004年のオレンジ革命以降のウクライナの民主化運動を欧米が支援したことも、今回の危機を誘発した重要な要因だ」というのです。

日本では「ウクライナ危機はロシアの責任だ」と考えられていましたから、たいへんおもしろい議論です。

自分が賛成するような意見だけではなく、自分の考え方とはまったく逆の意見にも接してみる。ときには、自分が読んでいて不愉快になる意見や、自分では想像もつかないような「違う視点」に接する。そこで初めて、自分なりの考え方ができます。これが大事なことです。

池上流・ネット検索テクニック

インターネットもよく利用しています。

ネットが普及したことで得られる最大の利点は、簡単に資料の原文に当たれるようになったことです。本当に便利な時代になりました。

ほかにも、ヤフーやグーグルでキーワード検索をすると、さまざまな情報が入手できますね。私は情報を絞りたいときは、タイトルの前後を「〃　〃」で囲みます。正確に同じ語句、同じフレーズを検索したいときに有効です。「△△はどうして△△」と「〃△

△はどうして△△〟」と入力したときの検索結果の違いに注意してみてください。「〝〟」をつけたときのほうが、ヒットした件数が圧倒的に少ないはずです。「〝〟」をつければ、言葉を区切らず1つのワードとして検索されるため、よけいな検索結果を出さなくても済むということです。

調べものをするときは、ウィキペディアも使います。ただし、多くの人が関心を持っている項目は、一人ひとりの知識が集まる「集合知」によって、正確かつ詳しい内容になっていることが多いのですが、人がほとんど関心を示さない特殊な用語を調べようとすると、精度が低い可能性があります。この点には気をつけたほうがいいでしょう。最初の人が書いた思い込みによる間違いが、そのまま訂正されずに残っていたりするのです。

最近は、「ニュースはネットで読んでいます」という人も多いですね。私も、NHKニュースやロイター、CNNなどネットのニュースも見ますし、重要だと思えば、印刷して保存しています。でも、ニュースをネットだけで済ませようとすると、どうしても偏りができてきますし、最後まで読んでいる人は、意外と少ないのです。

新聞のホームページで、一つの記事を何秒かけて読んでいるかの調査をしたところ、そのページをきちんと読むのに必要な時間より、はるかに短い時間で次のページに飛んでいるということがわかったそうです。まさに「見ているだけ」で、読んではいない。不思議なもので、パソコンでもスマホでもそうですが、画面に文字がびっしりあると、それを最初から最後まで読んでいく根気がなくなってしまうのです。

結果的に、見出しだけ頭に入って、中身はわかっていないということが起きています。結局、大切なニュースが浅薄な理解にしかならないという可能性があるのです。

優れたブロガーを見つけよう

いろんな専門家がブログを書いているのも、ネットの魅力です。

個人のブログを読んでいると、金融にしても、歴史にしても、科学にしても、いかに優れた在野の専門家が多いかと思います。あるいは、本読みが非常に優れていて、「この人が紹介した本なら、間違いない」と思えるブロガーもいます。

私が、多くの中からどうやって信頼できるブロガーを見つけるかといえば、たとえば経済関係のブログなら、その人が書いた過去の記事（アーカイブ）を読んで、見通しが正確だったかどうかを確認します。

玉石混淆の中から、こうして〝玉〟を見つけてはブックマークしています。

ただ、ネットのブログが怖いのは、個人が書いたことが誰からのチェックも受けずにそのまま掲載されていることです。

ネットの中には、どうしようもないデマも存在します。ニュースに対するバランス感覚を身につけるためにも、できればいろいろなメディアと付き合ってみてほしいのです。

映画でニュースを学ぶ

私は、ほとんどテレビを見ていません。単純に、時間がないのです。以前はあらゆるニュース番組をチェックしたり、休日はCNNを流しっぱなしにしたりしていましたが、最近はすっかりテレビは〝出るもの〟になってしまいました。

ですが、映画は観ています。映画の中にはニュースを読み解くという観点からも、優れたものがあります。

たとえば、今の不安定な中東情勢を知るには『アラビアのロレンス』でしょう。舞台は第一次世界大戦中のアラブ。イギリス軍に召集されたロレンスは、オスマン帝国の支配からアラブを解放し、彼らの自治独立を支援するつもりでした。しかしイギリスやフランスは、トルコに代わってイギリスとフランスが中東地域を支配することをたくらんでいました。

当時、中東には民族や宗教が違う部族が住んでいたのに、ここに西欧列強が無理やり線を引いたことが、現在の混乱につながっているのです。

『13デイズ』は、キューバ危機の13日間を、史実をもとに描いた作品です。現代史を語るうえで欠かせないキューバ危機に際し、当時のケネディ大統領の苦悩が伝わってきます。

ほかにも、イラン革命の混乱の中で起きた、アメリカ大使館人質事件を題材にした『アルゴ』、吃音《きつおん》に悩む英国王ジョージ6世が周囲の力を借りながら吃音を克服するという実話をもとに描かれた『英国王のスピーチ』、南北戦争で北軍を指揮した『リンカーン』（スティーヴン・スピルバーグ監督）などなど、実在の政治家や、実際にあった事件を題材にした映画は他にもたくさんあります。こうした映画は、楽しみながらニュース収集の補強をするのにうってつけです。

第5章

人から話を聞くためには

相手に仮説をぶつける

新聞を読んだり、ネットやテレビを見たりして入手するのは、いわば受動的な情報収集です。これに対して、情報を持っている人に直接会って情報を聞き出すのは、能動的な収集方法です。

私はよく「相手の本音を引き出すコツはありますか?」と聞かれます。ですが、取材力が必要なのは、なにも記者ばかりではありません。ビジネスパーソンでも同じです。

私は今でこそ、テレビに出たり、大学で講義をしたりしていますが、高校までは引っ込み思案で、人見知りの消極的な子どもでした。決してコミュニケーション能力が高いほうではなかったのです。

記者としてNHKに入ってからは、失敗の連続でした。

記者の仕事はサツ回りからです。警察署の中に入って刑事から話を聞いたりすることをこう呼びます。警察官は、そう簡単には心を開いてくれません。捜査の秘密を守るためにそう易々《やすやす》と質問には答えてくれないし、とぼけるし、平気でうそもつく。こちらが「こうですよね」と独自につかんだ情報をぶつけても、堂々と否定されます。私が新人研修中に先輩記者から言われたことは、「**御用聞きになるな**」ということでした。「最近どうですか？」「変わったことはありませんか？」などと、そんな聞き方はするなということでした。「ないよ」と言われればそれきりだからです。警察官のほうから「いやー、昨日はこんな事件があってさ」などとは語ってくれないのです。では、どうするか。人から話を聞き出すときは、自分なりの仮説を立てて相手にぶつけてみる、というやり方をとるようにしました。

ぶつけてみて、相手の表情を見るのです。長い時間付き合ってくると、相手の口ぶり、ちょっとした仕草で、だんだん本音をつかむことができるようになっていきます。

聞き出す秘訣は功を焦らないこと

営業をする場合も、相手が求めているものを聞き出す取材力や、コミュニケーション術が不可欠ですね。

あるとき私はふと、「サツ回りの仕事って、セールスマンと同じではないか」と思いつきました。営業のセールスマンは、商品を売るために、お客さんのところへ足しげく通い、親しくなろうとします。情報が欲しい記者も同じです。

私は、自動車のセールスで日本一の記録を達成したセールスマンの手記本を買って熟読しました。

そこには「自動車を売ってはいけない、まずは自分を売り込め」ということが書いてありました。信頼関係が大前提だというのです。

それからの私は、警察官が暇そうな時間に顔を出して、世間話をすることに徹しました。最初、一言、二言、言葉を交わす程度だったのが、だんだん立ち話をする時間が延びていきました。

ちょうどそのころ、私は自動車販売店の客になりました。免許を取ったので、中古の軽自動車を買おうと中古車販売店へ行ったのです。セールスマンがどんな態度で客である私に接するのか、じっくり観察するチャンスです。

実際に自分が客の立場になってセールスマンと話をしてみると、彼が果たして人間的に信用できるかどうか、手に取るようにわかるのですね。これには驚きました。

相手の立場を考えず、一件でも多く契約を取ろうという姿勢が見え見えだと、たちまち見透かされ、嫌われてしまう。大変、勉強になりました。

教訓！「目先の利益を追ってはいけない」。

やがて知り合いの刑事に街でバッタリ会ったら、向こうから「おい、お茶でも飲もう」と誘ってくれたり、刑事の捜査情報のネタ元である「情報屋」に引き合わせてくれたりしたこともありました。

警察を担当する記者は、検察庁や裁判所も取材します。そうすると、警察官だけではなく検事や弁護士とも話すことになりました。

口の堅い警察官に鍛えられたおかげか、ふと気がついてみると、見ず知らずの人とも平気で話ができている自分がいました。引っ込み思案で人見知りだった私は、いつしか変わっていたのです。

よい聞き手になるためには

よい聞き手になるのは、簡単なことではありません。努力も必要ですが、まずは「あなたの話を聞きたい」という謙虚な気持ちが大事です。

相手と会話になりにくければ、**まずは「聞き手」に徹する**こと。物理的にその気持ちを表現する方法があります。

第1は、相手と視線の高さを合わせることです。職場でも、仕事のできるビジネスパーソンは、こちらが座っている場合、立ったまま話をするのではなく、さっと近くの椅子を寄せてきてそこに座り、視線の高さを同じにしています。テレビでも、小さな子どもにインタビューするときには、カメラが上から見下ろしてはいけないという鉄則があります。子どもの視線までカメラマンはしゃがんでいるのです。

第2に、適度な「うなずき」です。うなずくのは「あなたの話を聞いています」という意思表示です。同様に、自分がしゃべる立場になったら、相手がうなずきやすいように話すことが必要になります。マシンガントークでは、相手がどこでうなずいていいのか戸惑ってしまうからです。

相手がうなずきやすいしゃべり方をするには、「〜ですよね」と、同意を求めるようにしゃべるといいでしょう。よい聞き手になれば、会話上手にもなれるはずです。

「いい質問」をして情報を引き出そう

インタビューするとき、私には気をつけていることがあります。それは、具体的な質問をすることです。

たとえば「〇〇についてどう思いますか?」と尋ねられたら、戸惑いませんか?たとえば「安倍晋三さんについてどう思いますか?」と聞かれたとしましょう。これは、「安倍さんのことを好きか嫌いか」を聞いているのか、「安倍さんの政策についてどう思うのか」なのか、よくわかりません。漠然とした質問をしないためには、**「自分は何を知りたいのか」をまずハッキリさせること**です。

質問の仕方によって、相手はあなたの理解度やどの程度の知識を持っているかを見透かしてしまいます。質問のレベルが低ければ、答えもそれなりのものしか返ってこないのです。

2016年4月、訪日したウルグアイのホセ・ムヒカ前大統領にインタビューしました。インタビューをするときは、事前に過去のインタビュー記事に目を通します。すると、必ずみんなが同じような質問をしています。

ムヒカさんも散々、同じような質問をされて飽きているだろうと思い、誰も聞かないようなことを聞こうと思いました。

ムヒカさんは奥さんとずっと事実婚だったのですが、大統領選に出る直前に結婚をしたことを知りました。ウルグアイは、配偶者がいないと大統領選には出られない国だということもわかりました。

私はムヒカさんに「あなたが奥さんと結婚したのは、大統領選の前ですね。結婚したのは、大統領選に出ようと思ったからですか？」と聞いてみました。

すると「そうではないんだ。ずっと一緒にいて、これからあとの人生のことを考えるとやっぱり手続きはちゃんとしておいたほうがいいと思って」とはぐらかします。

「それでは、結婚はあなたのほうからプロポーズしたんですか？」と続けると、「イヤなことを聞くなあ」といった顔をしていたので、「じゃあ、奥さんに聞いてみましょう」と客席の目の前にいた奥さんに、マイクを向けました。

きっと、思いもしなかったことを聞かれたのでしょう。「ちょっと強引だったかな」と思いましたが、インタビューのあと、ムヒカさんは「すごくおもしろかった」と言ってくださっていたと聞いて、ホッとしました。

人から話を聞く場合も、日ごろから情報感度を高めていれば、「いい質問」ができますし、何気ない会話の中から、さまざまなヒントを得ることができるはずです。

第6章
本の読み方・選び方

もっとも情報収集に役立つのは本

これまで、新聞、雑誌、ネット、人、と私のさまざまなインプットの仕方を紹介してきました。ですが、最もインプットに役立っているのは、やはり本です。

私はわからないことがあると、その分野の本を何冊も買ってきます。たくさん読んで徹底的に勉強するのです。

具体的には、まずは書店に行きます。今はネット書店を利用する人が多いようですが、ネット書店で本を見つけようと思うと、キーワード検索をする必要があります。ですが、書名に自分の知りたいキーワードが入っていなくても、重要な本というのはたくさんあります。

たとえば「放射線」について知りたいと思ったとしましょう。キーワード検索をすると、タイトルのどこかに「放射線」がついた本しか引っかかってきません。放射線について書かれていても、『知ろうとすること。』（早野龍五・糸井重里著　新潮文庫）のようなタイトルだと引っかかってきません。

それを見つけるためには、リアル書店へ足を運ぶしかありません。

少し大きめの書店に入って、知りたいテーマが集まった「棚」を探す。棚の前に立つと、キーワードが書名に入っているものも、入っていないものも含めて、全体として「このテーマでは、こんな本が出ているんだ」ということがわかります。

その棚をざっと見て、そこにある中で参考になることが書いてあるような本をまとめて買い込むのです。たいてい、ひとつのテーマで5〜6冊くらいでしょうか。

これを片っ端から読んでいくと、**2〜3冊の、本当に大事なことが書かれている本、これだけは読んでおかなければいけないなと感じる教科書的な本に出合います。**

勉強には、①仕事には必要ない教養的な勉強、②現在の仕事に必要な勉強の2通りがあります。

ビジネスパーソンなら、自分の仕事に関するジャンルの本はまず読んで勉強をするのは当然でしょう。その場合は、こうして基本になる数冊を読むことから始めましょう。つまり「定本」（そのジャンルにおける基本書）を見つけて、しっかりと読み通す。

そこから次第にそれ以外の分野に、興味を広げていくといいと思います。

社会人に読書が必要なわけ

私は社会に出てからも、時間をつくっては勉強していました。大学では経済学の基礎を学んだものですから、さらにそこから知識を深めようと、いろんな経済に関する本を読んでいました。何かに役立てようと思っていたわけではありません。読書が趣味で、単純におもしろかったから読んでいたのです。

ですが、日本では会社への忠誠心が高いタイプの社員が好まれます。会社が終われば、飲みに行って会社の上司の悪口や噂話で連帯を深める。こんな風習がまだ残っているのが実情でしょう。

そんな中で、自分を高めるために勉強をしている社員は、「あいつ、何なんだ?」と敬遠されてしまいます。「いずれ会社を飛び出すつもりでは?」と思われるからです。

しかし、会社でもある程度出世し、課長クラス、部長クラスになると、突然、多角化によってまったく新しい分野の仕事をやれと言われたり、関連会社へ出向したりすることもあるでしょう。そのとき「これまでの仕事しか知りません」では通用しないのです。

たとえば、新日本製鉄（現・新日鐵住金）は1990年代、バブルがはじけた後、多角化で魚の養殖やテーマパーク事業に乗り出したことがありました。バブルがはじけて鉄の需要が落ちたけれど、雇用は維持しなければならなかったからです。鉄とはまったく違う分野への進出です。

結果、一時は客を集めて話題になりましたが、失敗に終わりました。そのジャンルに詳しい人がいなかったのでしょう。

仕事をしながらの「息抜き」でもいい。「鉄以外のことを学ぼう」と、日々違う分野の勉強をしている人がいれば、状況は変わっていたかもしれません。

大企業も安泰ではない時代。すべてを会社に捧げるのではなく、いえ、もちろん会社のためにも、あなた自身を高め、成長させる時間を持ってほしいものです。

速読は必要ない

とりあえず、何か新しいことを知りたいと思ったら、新書がおすすめです。新書なら2時間もあれば一冊読めるからです。読めばその分野のことはざっくりとわかる。そこからさらに深く勉強していけばいいわけです。

本には、当たり外れがあります。本をたくさん買うと、中には「失敗した。買うんじゃなかった」というような本もあるでしょう。

でも、それを知ったのも、本を買ったからこそ。「つまらない」と感じたら、自分にそれだけ判断力がついたのだ、と前向きに考えましょう。つまらない本を書いている著者の名前がわかれば、名前を覚えておいて、次からはその著者の本を買わないようにすればいいのです。

「私は本を読むのが遅くて一冊読むのも一苦労。速読法を身につけたほうがいいでしょうか」。こんなことを言う人もいます。でも、個人的には速読は必要ないと思っています。

毎日、少しずつでも本を読み続けていると、次第に読書のスピードは速くなるものです。私も、とくに速読術などは学んでいません。最初から一行一行、目で拾いながら読んでいくというオーソドックスなやり方です。

本には著者独特の文章のリズムがあるので、読み始めは時間がかかります。次第にその人の文章のリズムと自分の呼吸が合ってくると、途中からはグングン速くなっていきます。大事なのは「速く読む」ことではなく、「内容をしっかり理解する」ことです。慣れてくるとそのうち、重要度の低い箇所は自然と読み飛ばせるようになります。

大切にする本、酷使する本

私は以前、「本は大事にしなければいけない」と思い込んでいました。本に線を引いたり、角を折ったりしてはいけないと思っていたのです。しかし、考えを改めました。インプットのために買った本は、有効に使ったほうがいいと思ったからです。

仕事の資料として買った本は気になる箇所に線を引き、どんどんページを折って酷使します。これは借り物ではなく、自分で買った本だからこそできる芸当です。

さらに私は、**Ａ４サイズの「裏紙」を四つ折りにしたものをメモ紙代わりに本に挟んでいます。**本を読んでいて**気になったフレーズをこの紙に書き写したり、思いついたアイデアをメモしたりしておく**のです。読みかけのページに挟むのでしおりにもなり、一石二鳥です。

昔は、読書カードをつけていました。私が大学生のころ、京都大学の文化人類学者、梅棹忠夫さんが考案した「京大式カード」という情報カードが流行っていました。Ｂ

6サイズで、学んだことを書き込んでいくことが知識の蓄積になり、思考の材料になるということで評判だったのです。

私もこのカードに飛びつきました。一冊読むたびに書名、出版社名、読んだ日付、目次を書いて、サイズを合わせたボックスへ入れていきます。社会人になってからもしばらく続けていましたが、やめてしまいました。結局、あとから読み返すことはなかったし、役に立っていないと気づいたからです。

細かく読書の記録をつけなくても、**本を読んだら手帳に「○月○日『○○○』読了」というように、日付とタイトルを1行メモしておくだけでもいい**でしょう。「あのころはこんな本を次々に読んでいたんだな」と思い出すことができ、記憶が定着します。通し番号を打っておけば、一年間に読んだ冊数もわかります。

使い古した本も、捨てることはしません。それはそれで愛着がわくものですから。一方、「お姫様」のように大事に扱う本もあります。こちらは線も引かず、角も折らずきれいに読んで、読了後は本棚にしまいます。たいてい、好きな作家の小説やエッセイです。

「知的虚栄心」が人を成長させる

自分を成長させるためには、知的虚栄心も必要です。いわゆる「見栄」ですね。昔は高校や大学で、友達が難しい哲学書について話していると、それを読んでいないことが恥ずかしかったものです。私も、なんとなくその場は「うん、うん」と相槌を打ち、あたかも自分も読んでいるようなフリをして、別れたあと、慌てて本屋へ行ってその本を買って読む。そんな経験が幾度もありました。

カントの『実践理性批判』、ヘーゲルの『精神現象学』……、結局、手に取ったけれど、高校生の私にはチンプンカンプン。

今の時代は、本を読んでいないからといって「恥ずかしい」という感覚はないでしょう。それがかえってよくないのかもしれません。

振り返ると、私は子どものころから知的虚栄心が強かったと思います。

小、中学校時代は、本を読んでわからない言葉が出てきたら、一所懸命その言葉を使おうとしていました。「あ、こんなときにはこういういい方をするんだ。よし、使ってみよう」。

とくに、四字熟語やことわざです。

小学生のとき、委員の仕事が終わって、担任の先生から「これであなたの仕事が終わるけれど、どうでしたか？」と感想を聞かれて「はい、感慨無量です」と答えました。先生が驚いた顔をしていたのを今でも覚えています。

本の中に出てきた四字熟語やことわざを、とにかく実際に会話の中で使ってみたくてたまらなかったのですね。

「起死回生のヒットですね」、「呉越同舟だね」、「優秀な人ばかりで、多士済々ですね」、「社会党は村山委員長を出したら、結局、社会党がガタガタになってしまった。一将功成りて万骨枯るというのはこのことですね」。

いつしか、頭の中が四字熟語だらけになりました。自然と口から四字熟語が次々と出てきてしまう。こうなると「四字熟語マニア」です。

しかし、「週刊こどもニュース」を担当して逆に困りました。小学生には難しい四字熟語はわかりません。そこで今度は、四字熟語の言い換えを考えるようになりました。どんな言葉に置き換わるのか、頭の中で検索です。

私は今、日本語の未来に少しばかりの不安を感じています。何を見ても「かわいい」「ヤバイ」ばかりだからです。

今や「ヤバイ」は、どんな場面でも使える便利な言葉になりました。でも、便利な言葉ばかりを使っていると語彙力がつきません。小説を読んだり、落語を聞いたりして、わからない言葉が出てきたら辞書を引く。そして、実際にその言葉を使ってみる。そうしたことの積み重ねは語彙力を高め、ひいては考える力を高めることにもつながるのではないでしょうか。

ビジネス小説で楽しみながら勉強

「仕事に役立つ本を読みたい」と思ったとき、ハウツー本を買って勉強するのもいいのですが、意外と役に立つのが小説です。

NHKの記者になって警察回りを始めたとき、先輩記者に「松本清張の本を読んでおけ」とアドバイスを受けました。

松本清張は汚職をテーマにしたミステリーを数多く書いています。汚職の構造を理解し、取材の参考にしなさいということでした。さっそく読み始めたらすっかりはまってしまい、国内外のミステリーをむさぼるように読みました。

ビジネスパーソンなら、ビジネス小説がおすすめです。企業小説、経済小説とも呼ばれます。

最近では、テレビドラマ『半沢直樹』（原作は池井戸潤氏の『オレたちバブル入行組』『オレたち花のバブル組』）のヒットで、ちょっとしたビジネス小説ブームですね。池井戸潤氏の小説もそうですが、優れたビジネス小説は、エンターテインメントとして楽しく読んでいくうちに、いつの間にか業界の知識が得られます。勉強しているという自覚がないまま、多くを学べるのです。これはどこの企業がモデルだろうか、という興味で読むことも可能ですし、報道だけではわからない業界の内情も知ることができます。

私の時代、ビジネス小説の大御所といえば城山三郎さんでした。総会屋の生態を人々に知らしめた『総会屋錦城』では、直木賞を受賞しています。ほかにも、企業スパイものといえば梶山季之さん、自動車産業界を舞台にした『黒の試走車』や小豆相場を描いた『赤いダイヤ』が有名です。

最近亡くなってしまいましたが、入念な取材で知られた山崎豊子さんの作品もおすすめです。『沈まぬ太陽』では航空業界を、『華麗なる一族』では銀行業界を、『不毛地帯』で商社を取り上げています。

このほか、真山仁さんの『ハゲタカ』や幸田真音さんの『日本国債』などは、生きた経済を学ぼうとするなら、格好のテキストとなるでしょう。

読んでいるうちにどんどんひき込まれて、自分が主人公だったらどう考えるか、いかに行動するか、といったことを考えながら読み進める。いろいろな登場人物に自分を投影させて読むことで、実にさまざまな体験をすることができるのです。のちに実際に体験することになったときには、大いにヒントになるはずです。

先にも述べましたが、本は語彙が増えるのも利点です。

テレビやラジオは話し言葉が主体ですから、難しい言葉や漢語的な表現はあまり出てきません。また、新聞には常用漢字以外の漢字はあまり使われないので、こちらもやはり難しい表現はそれほど出てきません。

その点、本にはそうした制約はありませんから、さまざまな表現が出てきます。たとえば、舛添前都知事の政治資金の「公私混同」疑惑が明るみに出たとき、テレビでは連日「ケチ」「セコい」という言葉が繰り返し使われました。これでは表現が平板になってしまいます。文章にしたら、「吝嗇家《りんしょくか》」という表現もできます。語彙も豊かになります。

さらに、感動したり怒ったり笑ったりすることで、感性も豊かにしてくれるはずです。それは「人間としての幅」となって表れてくるように思うのです。

ビジネスパーソンに必須の教養とは

すぐ役立つ学問は、すぐ役立たなくなる。逆に、すぐには役に立たないものほど長い目で見れば役に立つ。後からジワジワ役に立つものもある。

本を読むときには、そういう考え方もまた必要ではないかと思います。

海外のビジネスパーソンの多くは、文系理系を問わず、哲学、文化、歴史と幅広い教養を身につけています。日本のことについても詳しくて、こちらが驚いたりします。

これは、海外の大学教育がリベラルアーツだから可能なことともいえます。たとえば、ハーバード大学に入学すると、専攻に関係なく全員がリベラルアーツ教育を受けます。4年間のほとんどをリベラルアーツ教育に費やし、「専門科目については大学院で勉強してください」という構造になっているのです。日本はそうではありませんね。

そういう学校を卒業してきた人たちとビジネスを円滑に進めたいならば、最近のニュースを知っていると同時に、やはり教養面においても対等の素養を持っておいたほうがいいでしょう。

　では、そもそもリベラルアーツとは何なのか。これは、奴隷制を有した古代ギリシャやローマで「人を自由にする学問」として生まれました。具体的には言葉にかかわる「文法」、「修辞学」、「論理学」の3つと、数学にかかわる「算術」、「幾何学」、「天文学」、「音楽」の4つで、あわせて「自由七科」です。

　リベラルアーツの「リベラル（liberal）」は自由、「アーツ（arts）」は技術、学問、芸術。よって、リベラルアーツとは「人を自由にする学問」のこと。

　こうした科目に習熟していれば、奴隷でない自由人として生きられる、あるいは束縛から逃れ、自由な発想や思考を展開していくことができる。

　最近は日本でも、東京工業大学や立教大学のように、リベラルアーツに力を入れる大学が増えてきました。国際基督教大学は、そもそもからしてリベラルアーツです。

　とはいえ、古代ギリシャ、ローマ時代の教養と、現代の教養は違って当然でしょう。たとえばギリシャ時代には「宗教」はありません。ギリシャ神話にはいろいろな神様が出てきます。ギリシャは多神教でした。ここをローマ帝国が支配するようになり、キリスト教を国教にしたのです。その後、イスラム教が生まれ、世界は宗教間の対立が絶えなくなりました。

　では、〝**現代の教養**〟とはどんなものか。人によって答えはさまざまだと思います。

私なりに「現代の自由七科」を考えてみました。

それは、次のようなものです。**①宗教、②歴史、③宇宙、④人類の旅路、⑤人間と病気、⑥経済学、⑦日本と日本人。**

こういう分野の基礎的なストックの知識を持っていれば、日々のニュースもより深く理解できると思うのです。

参考までに、ビジネスパーソン向けの自由七科を学ぶための文献をご案内することにしましょう。

ニュースを読み解く、宗教のおすすめ本

たとえば今、世界でニュースになっている「IS（イスラム国）」にしても、アメリカの大統領選挙にしても、「宗教」がかかわってきます。宗教の知識なくして、世界で起こっていることを深く理解することはできません。

ユダヤ教の経典である『旧約聖書』とキリスト教の経典である『新約聖書』を読むことは国際人として必須でしょう。できればイスラム教の経典である『コーラン』も読んでほしいのですが、「ちょっと重い」という人には、佐藤優×中村うさぎ『聖書

を語る』（文春文庫）や、橋爪大三郎×大澤真幸『ふしぎなキリスト教』（講談社現代新書）、阿刀田高著『旧約聖書を知っていますか』、『新約聖書を知っていますか』（ともに新潮文庫）などから入るといいでしょう。ユダヤ教、キリスト教、イスラム教はどのようにして生まれたのか。まずはそれぞれの違いを知ることからです。

小説が好きな人には、ジェフリー・アーチャーの作品の中でもとくに有名な『ケインとアベル』（新潮文庫）はいかがでしょう。ケインとアベルは『旧約聖書』の創世記に出てくる兄弟相克の物語ですが、こちらは現代版のケインとアベルです。

仏教は「お経を読みなさい」というわけにもいかないので、釈徹宗著『宗教は人を救えるのか』（角川SSC新書）。釈さんの本はわかりやすくておすすめです。

歴史を学ぶには『世界史A』

次に「歴史」については、私は常々「教科書を活用しよう」ということを言っています。全国の都道府県にある教科書供給所では、一般の人も教科書を購入することができます。東京都内には複数あります。ここへ行くと、学校で使っているありとあらゆる教科書が手に入ります。

　その中で、私が圧倒的に使い勝手がいいと思っているのが『世界史A』です。『世界史B』は、普通科の高校が使用する教科書です。これに対して『世界史A』は大学進学者が少ない専門学校（商業科や工業科）などで使われています。

　なぜ『世界史A』のほうがおすすめかといえば、『世界史B』は年号や人名が大量に盛り込まれすぎて、歴史の大きな流れが見えにくいからです。世界史が「暗記科目」といわれるのはそのせいです。個人的には『世界史B』の教科書が、日本人を世界史嫌いにさせているのではないかと疑っているほどです。

　その点、『世界史A』は、近現代史が充実していて、一般の社会人にとっても十分に読みごたえがあります。

　一通り教科書の歴史が頭に入れば、教科書とはまったく別の視点で書かれたジャレド・ダイアモンドの『銃・病原菌・鉄（上下）』（草思社文庫）や『オリバー・ストーンが語る　もうひとつのアメリカ史　1～3』（早川書房）を読んでみるのもいいでしょう。『銃・病原菌・鉄』のタイトルは、ヨーロッパ人が他民族と接触したときに「武器」になったものですが、なぜ人類は5つの大陸で異なる発展をとげたのかがわかります。

　『オリバー・ストーンが語る　もうひとつのアメリカ史』は、自身がベトナム帰還兵でもあるアカデミー賞監督、オリバー・ストーンによる第二次世界大戦以降のアメリカ史で、アメリカ政治の欺瞞や矛盾を痛烈に批判しています。

次に、「**宇宙**」を現代の自由七科に入れたのは、宇宙を知るという営みは、「自分はどこから来たのか」を知ることにつながるからです。

そもそも地球や太陽、宇宙の関係はどうなっているのか。不思議ですよね。科学者たちはこの宇宙がいつ、どうやって生まれたのかを研究し、現在では138億年前にこの宇宙が生まれ、46億年前に地球が生まれたことがわかっています。少し前話題になったヒッグス粒子も、宇宙誕生の瞬間を知りたいという人々の欲求から発見されたものです。

おすすめは、ブルーバックスの本。村山斉著『宇宙になぜ我々が存在するのか』、『宇宙は本当にひとつなのか―最新宇宙論入門』、横山順一著『輪廻する宇宙』。アメリカの天文学者ジョージ・ガモフ『1・2・3無限大』（白揚社）や、エドウィン・ハッブル『宇宙の絶景』（洋泉社）、『銀河の世界』（岩波文庫）もおすすめです。

人類の旅路がわかるおすすめ本

宇宙が誕生した後、地球が生まれ、やがて人類が生まれました。では、どうやって人類が誕生したのか？ ということが知りたくなります。

というこことで、4番目は「**人類の旅路**」。東アフリカに生まれた人類の祖先がいつ、どうやって世界中に人間として住むようになったのか？ これを知るには、アリス・ロバーツの『人類20万年 遥かなる旅路』（文藝春秋）がわかりやすいと思います。クリストファー・ロイド『137億年の物語』（文藝春秋）もおすすめです。

既存の生命観を一変させたチャールズ・ダーウィンの『種の起源』（岩波文庫）も、ぜひ読んでほしい本です。ダーウィンは、さまざまな生物は突然変異を繰り返していて、そのときの環境に適合できた生き物だけが生き残ることができたと説いています。

次に、なぜ現代の自由七科に「**人間と病気**」が入るのか、意外だと思われるかもしれませんが、近年、実は生物や人類の進化の過程には「病気」が深くかかわっていることがわかってきました。病をもたらすウイルスと共存することで、私たちは進化してきたし、人類の歴史を変えてきたわけです。だとすると、病気を知ることも、私たち人間を知ることになる。

テレビでインフルエンザの解説をすることになり、読んでおもしろかった本が速水融著『日本を襲ったスペイン・インフルエンザ—人類とウイルスの第一次戦争』（藤原書店）です。スペイン・インフルエンザ、いわゆるスペイン風邪は、1918〜20年に流行し、世界的に過去最大規模の約4000万人の死者を出しました。スペイン・インフルエンザによって、第一次世界大戦では両軍とも戦死者以上の死者が出て終結し、我々人類には免疫ができました。まさに人類の歴史を変えてきたわけですね。この本はスペイン・インフルエンザによって日本でどれだけの人が死んで日本社会がどれだけ変化したのか、ということを分析した本です。

そのほか、河岡義裕著『インフルエンザ　パンデミック』（ブルーバックス）、武村政春著『新しいウイルス入門』（ブルーバックス）。ちょっと視点を変えて、カミュの小説『ペスト』（新潮文庫）など。実は、ペストがユダヤ人差別につながっていきます。ペストはネズミが媒介するのですが、衛生面に気を使っていたユダヤ人街だけは流行らなかった。それでユダヤ人の陰謀説だというデマが広がったのです。

ヨーロッパのいろんな街に行くと「三位一体の像」があちらこちらにあるのですが、これはペストが収束したことを神に感謝してつくられたものです。

経済を知るならアダム・スミスは必読

人類はやがて社会を形成し、食べていくために経済活動を始めました。**「経済学」**が生まれ、学者が新しい理論をつくることによって世の中が動いていきます。

ビジネスパーソンなら、「近代経済学の父」と呼ばれているイギリスの経済学者アダム・スミス（1723-1790年）の『国富論』（中公文庫）は必読。個々人が利己心から仕事をしているのに、結果的に市場で売り買いがうまくいく、つまり、市場で自由競争が行われることで経済がうまく回る、資本経済の仕組みを解き明かした本です。

このアダム・スミスの考え方に対して、そのまま資本主義が進めば、資本家は労働者を搾取し、怒った労働者たちによって社会主義革命が行われ、資本主義は崩壊すると説いたのがドイツのカール・マルクス（1818-1883年）です。

カール・マルクスの『資本論』が難しければ、『賃労働と資本』（岩波文庫）がいいでしょう。これを読むと、労働によって価値あるものが生み出され、労働が商品の価値を決めるという「労働価値説」がわかります。

マルクスに対して、資本主義の欠陥を補う経済政策を行えば、資本主義でも経済はうまく回せると説いたのが、イギリスの経済学者ジョン・メイナード・ケインズ（1883-1946年）です。資本主義経済では、好景気と不景気を繰り返します。不景気なときは需要と供給が合わなくなり、多くの労働者が失業してしまう。まさに1929年の大恐慌がそうでした。アダム・スミスの説く「人々が利己心にもとづいて自由に競争すれば、結果的に経済が回っていくのだ」というモデルはここに欠陥があったのです。この現状を見たケインズが説いたのは、「不況のときは国が借金をして国債を発行して公共事業を行うことで景気を良くし、景気が良くなって税収が上向いたら借金を返せばいい」という考えです。

ケインズの『雇用・利子および貨幣の一般理論』（岩波文庫）は読んでほしいところですが、素人にはハードルが高すぎます。そこで伊東光晴著『ケインズ 新しい経済学の誕生』や『現代に生きるケインズ』（ともに岩波新書）がわかりやすくておすすめです。

しかし、ケインズの理論も現実にはうまくいかないことがでてきます。実際に経済政策を決めるのは政治家であり、政治家は景気が良くなって税収が増えても、有権者の顔色をうかがって、さらに公共投資を行ってしまったのです。

これに対して登場したのが、アメリカの経済学者ミルトン・フリードマン（1912‐2006年）でした。新自由主義で、政府の規制を排除し、徹底的に市場原理に任せるべきだと主張しました。フリードマンの『選択の自由』（日経ビジネス人文庫）も今の世界を知るためには読んでおきたい一冊です。

経済学を体系的に学びたいなら、『教養としての経済学　生き抜く力を培うために』（有斐閣）。最近読んで、これはわかりやすいとうならされました。一橋大学経済学部の先生たちが手分けして書いた本です。アダム・スミスの『国富論』、カール・マルクス『資本論』などの古典から、2012年にロイド・シャープレーとアルヴィン・ロスの二人がノーベル経済学賞を受賞したマーケットデザインなど、最新理論までの読書案内です。

最後の自由七科は**「日本と日本人」**です。「日本とは何か」「日本人とは何か」。いったい日本や日本人はいつから存在するようになったのか。

大昔から日本はあった、日本人もいた、と考える人がいるかもしれませんが、そんなことはありません。鎖国をしていた江戸時代まで「日本人」はいなかったのです。外国人と接触することになって、外国人と日本人が結婚したらどうすればいいのか？

つまり、国籍という概念が生まれたのです。

そんな思索を通して「自分とは何か」を考える手がかりにしたいということです。

おすすめ本は、與那覇潤著『日本人はなぜ存在するか』(集英社インターナショナル)。違った視点で、イザヤ・ベンダサン著『ユダヤ人と日本人』(角川文庫ソフィア)もいいでしょう。

漫画で勉強するのも大いにアリ

「漫画ではダメですか?」という人のために、漫画もつけ加えておきましょう。

さいとう・たかを氏の『ゴルゴ13』(リイド社)はよくできています。なにしろ政治家の麻生太郎氏は、この本で国際情勢を勉強しているそうですから。

手塚治虫氏の『ブッダ』(潮ビジュアル文庫)は仏教の開祖ブッダの一生を描いた作品です。仏教の誕生の経緯や思想がわかります。同じく手塚治虫の『アドルフに告ぐ』(文春文庫)は、楽しく読めて歴史の勉強にもなります。私はあまり漫画を読むほうではないのですが、漫画にも勉強になる本はたくさんありそうですね。ただし、漫画を読んで満足しないこと。漫画に触発されて、いろいろな本を読むことにつなげるのが大事です。

学んだことがすぐに役に立たなくても、自分で学び続け、ものを考えていく力があれば、ずっと役に立つことになる。これが最近、ようやく私が至った結論です。

読者のあなたもぜひ、自分に必要な本ばかりでなく、さまざまな分野の本を読んで豊かな教養を身につけてください。

それはいつか、思いもよらぬところで役に立つと思うのです。

第7章
リーダーたちは何を読んできたのか

「池上さんは、気分転換にどんなことをするんですか？　ストレス解消法は何ですか？」

よく聞かれる質問です。聞かれるたびに「う〜ん、何だろう」と考え込んでしまいます。スポーツジムの会員にはなっているのですが、実際のところ、まったく行っていません。会費をムダに払い続けています。

ふと思いつきました。プレジデント誌で連載している「トップの読書術」のインタビューこそが、私の気分転換ではないか、と。本好きの企業トップの方と、大好きな本について語り合える時間は、とても楽しいものです。刺激にもなります。経営者といえば多忙を極めるのに、みなさん実にさまざまなジャンルのたくさんの本を読んでいます。

そうやって大量の知識を吸収し、自らの血肉にしている。そして、みなさんが一様に言うのが「自らの読書体験は、思わぬかたちで仕事に役に立っている」ということ。おそらく、**これまで読んだ大量の物語や知識がデータベースとして頭の中に蓄積され、危機に立たされたとき、決断を迫られたとき、場面や局面に応じて自然とわき出てくるのでしょう。**

私も、NHKの記者として警察回りをしていたときには、夜間の家宅捜索には日中の捜索令状とは別のものが必要だとか、逮捕したら48時間以内に送検しなければいけないとか、刑事訴訟法を知る必要があったので、仕事に必要な知識として勉強しました。

さらに、自分の仕事に必要な本ばかり読んでいても成長できないと思い、さまざまな分野の本を片っ端から読みました。

巨大企業の内幕の話、金融業界の裏話、米国の経済……、そのときはただ単純に「知りたい」という興味からでしたが、それがあとになって生きてきました。

小説を読むことも、単なる楽しみとしてではなく、生き方の問題として考える機会を与えてくれました。

いろんな知識が、意外なところで結びついて、視野が広がっていったのです。

脳細胞はいろんな神経と神経がつながっていくことで、新しい回路が生まれます。まさにその感覚で、いろんな世界の知識を頭に入れることによって、神経のネットワークが広がっていき、それがあるとき頭の中でつながって新しい理解を生み出す。

私も「まだまだ知らないことだらけ」ということを自覚していますので、今後もこんなワクワクする体験を続けていけたらと思っています。

企業のトップに上りつめた人たちは、どんな本を読み、どう仕事に活かしてきたのか。トップが愛読する本を読んでみると、ビジネスで成功するヒントがあるかもしれません。ここからのインタビューが、読者のあなたのお役に立てることを願っています。

ファーストリテイリング会長兼社長

柳井 正

PROFILE・TADASHI YANAI

1949年、山口県生まれ。早稲田大学卒業。ジャスコを経て、72年父親の経営する小郡商事に入社。84年ユニクロを初出店、同年、社長に就任。91年社名をファーストリテイリングに変更。2002年会長に就任、いったん社長を退くも、05年から現職。

今や「世界のユニクロ」となったファーストリテイリング創業者・柳井正氏の読書術をひもといていくと、世界を見ることの大切さ、自分を「少し無理な状態」に置くことの大切さがわかります。トレーニングや仕事だけでなく、読書においても少し難しいものを読んで頭に負荷をかけることで、人間的に成長できるのです。心地よい読書だけで満足せず、敬遠していた分野の本にも挑戦してみましょう。

Yanai's recommend

イノベーションと企業家精神
エッセンシャル版

●P.F.ドラッカー著、上田惇生編訳
●ダイヤモンド社 ●本体価格1600円+税

企業家精神のマネジメント法と、これまで経営学がケーススタディとしてしか扱えなかったイノベーションの仕組みを、世界最初の方法論としてまとめた実践書。初版は1985年だが、今の時代にこそ読むべき一冊。

ホンダジェット

●前間孝則著
●新潮社 ●本体価格1600円+税

エンジンから座席シートに至るまで自社設計にこだわった「創業者・本田宗一郎の夢」を乗せた超小型機、ホンダジェット。無謀だといわれながらも、決して諦めなかった30年の苦闘に迫るビジネスノンフィクション。

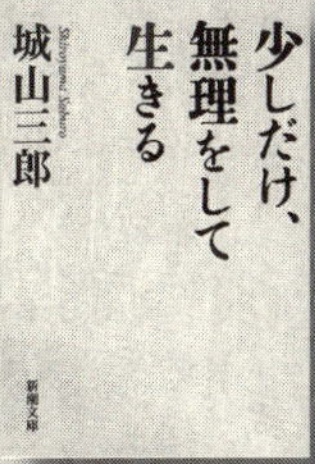

少しだけ、無理をして生きる

●城山三郎著
●新潮文庫 ●本体価格430円+税

大変な無理は続かないが、ほんの少しだけ自分を無理な状態に置き、挑戦を続けることは成長のために必要なことだ。人間の真の魅力とは何か。広田弘毅、浜口雄幸、渋沢栄一ら国家のために闘った偉人について語る。

避けて通れないビジネス書の古典

池上　柳井さんは随分と朝型だそうで。

柳井　だいたい、会社には6時ごろ来てますね。うちの社員は7時ごろ来るんですよ。だから1時間は邪魔されずにいろんなことができる。効率がいいんじゃないかと思いますけどね。

池上　社員のみなさん、出勤が7時だとラッシュのちょっと前ですよね。通勤も楽だと。

柳井　冬は暗いので、どうだかわかりませんけど(笑)。慣れたらいいと思います。で、4時から5時には帰るように言ってあるんで。飲みに行かないことですよ。朝7時から午後の4時だと、飲みに行けなくなるんです。

池上　翌朝も早く起きなきゃいけないし、さすがに4時からは飲みに行きづらいですよね。

柳井　健康的でいいんじゃないかと思いますけどね。

池上　柳井さんは、何時にお休みになるんですか?

柳井　だいたい夜10時から11時の間に寝ます。朝は5時起き。

池上　ちゃんと睡眠時間はとれてますね。そうしますと、読書の時間というのは、家に帰られてから？

柳井　そうですね。でも最近、集中力がなくなって、よほど興味がわいた本しか読まなくなりました。

池上　次第に絞られてきた。

柳井　昔は濫読だったんですけどね。

池上　中でも、何度も読み返していらっしゃるのが、ドラッカーの著作だとか。

柳井　そうですね。特に『イノベーションと企業家精神』。読むたびに感銘を受け、「よし、頑張ろう」と発奮させられます。

池上　ドラッカーに学ぶという経営者は大勢いらっしゃいますよね。

柳井　普遍的なことをいっているからだと思うんですよ。すごく簡単な言葉で経営の神髄的なことをいっていて、それが自分の会社にとってどういうことなのか、って考えることができる。

池上　山口県のお父さんが経営されていた小郡商事に入社されたころは、随分と本を読みふけったと聞いているんですけども。

柳井　ええ。

池上　やはり、読書は飛躍発展の基礎になったということでしょうかね。

柳井　なったと思います。1日とか2日で1冊読むみたいな生活をずっと続けていました。仕事する以外は本を読んでいた感じですね。何も知らなかったので。仕事とか、人間、人間の集団とか、世界とか、もう全部知りたいなって思ったんですよ。

池上　仕事以外のときは、常に本を？

柳井　新幹線で眠っている人を見たら、なんともったいないって。

池上　はい、思いますよね。でも山口のあの辺りには、書店があまりないですよね。

柳井　ええ、ないので、広島とか大阪に行ったときに大量に買って帰る。毎週、行っていたので。

池上　若いころ、仕事以外の時間は常に本を読んでいたっていうのは、私もそうだったものですから。

柳井　いや、本当にね。なんで今の人は本を読まないのか不思議なんですよ。

池上　私が広島のNHK呉通信部にいたとき、2週間に1回広島放送局で当直勤務があったんです。呉にはちっちゃな書店しかないので、必ずそごうにある三省堂に寄って大量に買って帰りました。

柳井　いや、多分それと同じ経験だと思います。

池上　ほぼ時期的にもダブってたんじゃないですか。広島ですれ違っていたかもしれませんね。

柳井　立ち読みしてたかもしれない。僕、生まれたところが商店街で、家の前が書店だったんです。だから毎日、立ち読みしていました。そうしたら、はたきかけに来るんですよ（笑）。

池上　ええ、私もやられました。小学生のとき、家の近くの書店で。

柳井　それでも、読んでいる。

池上　やっぱり。

柳井　ええ。根性があったよね。

池上　なんか、同じような経験をしていますね。

若者よ、書を捨てず世界へ出よう！

池上　柳井さんというと、山口の小郡商事を引き継いで、それをファーストリテイリングという世界的なカジュアルブランドに育てた。どうしてそんなことができたのかと思うんですけど。

柳井 僕はやっぱりオキュパイドジャパン（占領下の日本）に生まれたので。ベトナム戦争世代なので。あのころ、初めてアメリカに行ったんですよ。

池上 それは学生時代ですか？

柳井 大学生のときです。ストをやっていたので。

池上 早稲田大学はしょっちゅうストライキに入ってましたね。そのときにアメリカに？

柳井 行ったんです。

池上 当時の日本の学生でアメリカに行けるって、相当恵まれていましたね。

柳井 いや、もう本当に。おやじが世界一周の飛行機の切符を買ってくれたんです。

池上 うわー。1ドル＝360円の時代ですよ。

柳井 ええ、それで世界一周をして、で、その経験がわれわれのグローバル化にすごく役立っていると思う。

池上 当時、世界を見るというと小田実の『何でも見てやろう』じゃないですか。

柳井 ええ。だから、ああいう精神がありましたよね。

池上 あれは、お読みになりました？

柳井 読みました。

池上 やっぱり。われわれの世代は、あれで世界に憧れるんですね。小田実は、フルブライト留学生で渡米して、どうせ日本に帰るならって、留学の帰りにグルッと世界をまわって帰る。次の世代になると、沢木耕太郎の『深夜特急』ですよね。

柳井 そうです。いや僕、沢木耕太郎さんにも、やっぱりすごく影響を受けて。同じような年代だと思いますよ。

池上 ですよね。だから、われわれは「何でも見てやろう」って。でもその後がないんですよ。若者を海外へと向かわせる……、何かありますか？

柳井 今の若者は、世界の文化に対して興味がないんじゃないですか。だから学校で世界の文化を教える講座をつくるべきだと思いますけどね。

池上 本でいうと『深夜特急』の後の文学作品が出てこなくて、あれをヒントにテレビ局が猿岩石に旅をさせた。

柳井 あれは日本的感覚を持って世界へ行くってことなんで、共存はしてませんよね。もっと理解しようっていう心が必要だと思う。

池上 相手に対する好奇心がないと。若い社員にも、もっともっと国際的な感覚を持ってほしいと思われますか？

柳井　うん。そうでないと損だと思う。これだけ開かれているので。日本だけで閉じてて、今の生活だけで満足すべきではないんじゃないかと思います。日本が最高で、ほかの国のことは勉強する必要がないというふうに思い始めたらよくないと思いますね。

池上　同感です。

チャレンジ精神を刺激された

池上　最近、柳井さんが読まれた本というのが『ホンダジェット』。私、初めてホンダジェットを見たとき、たまげましてね。「エンジンは主翼の下に吊り下げられているもの」という常識を覆しましたよね。

柳井　またこの小型ジェット機が、かっこいいんですよ。昔、ホンダの車ってこういうイメージがありましたよね。すごくスポーティで、未来を連想させる。

池上　初期のホンダ・シビックには、しびれましたよ。

柳井　シビック自体のコンセプトもよかったし、宣伝もよかったし、全部よかった。

池上　「空のシビック」を目指したということでしょうか。

柳井　そうですね。僕、やっぱりこの本を読んですごいなと思ったのは、ホンダが修理工場から二輪車のメーカーになって、世界で最もレベルの高いオートバイのロードレース「マン島TTレース」で優勝する。その後、四輪車に挑戦するといってアメリカに工場をつくって、アメリカの工場から、ホンダジェットが誕生した。これはすごいですよね。

池上　ホンダが、オートバイから四輪車に進出するとき、当時の通産省が反対したんですよ。

柳井　その反対に、真っ向から立ち向かわなければならなかったわけじゃないですか。

池上　そういうことですよね。

柳井　日本は自主規制みたいなことがすごく多いんですよ。その自主規制が日本人とか、日本の企業を駄目にしていると僕は思います。

池上　当時の通産省としては、四輪車メーカーはトヨタもあるし、日産もダイハツもいろいろあるから、新規参入を阻止したかったんですよね。

柳井　「これ以上、必要ない」と。でも、それは役所の都合でしょ。

池上　ですよね。それで役所と闘ったことによって、「世界のホンダ」になったんですから。

柳井　いや、素晴らしいよね。

池上　『ホンダジェット』を読むと、勇気がわきますね。

柳井　勇気がわきますよ。われわれ日本企業でも、こういうことができるんだって。だからこういう本を、今の若い人に読んでもらいたいよね。やっぱり発想が違う。多分、小型ジェット機を自家用機のように使おうっていう発想だと思うんですよ。もっと大量生産して、新しい航空機産業をアメリカ中心に広めていこうと思っているんじゃないかな。

池上　大量に供給しようというのは、どこか松下幸之助の水道哲学にも通じるところがありますか？

柳井　ええ、あれが松下さんの産業人としての回答ですよね。つまり、水道の水のように良質で低価格のものを、消費者の手に行き渡るようにしよう。われわれはより多くのものをつくって、世界をより豊かにしたい。松下さんは「産業人の使命は貧乏の克服である」といいましたが、私もそう思います。

池上　最近、ユニクロは特に難民問題に、熱心に取り組んでいらっしゃいますけど、そこにつながるものがあるんですか？

柳井　そうですね。日本に住んでいるとわかりませんが、世界の半分くらいの人はまだ貧しいんですよ。それではいけない。みんなが普通の生活ができるように、世界の人々はもっと協力すべきだと思う。着るものがないと、自信を持って人に会えないですよね。寒さから自分を防御するためにも服は必要。生活必需品です。

池上　なるほどね。確かに、戦後日本の復興は縫製業からでしたからね。

柳井　そうです。その後、「ワンダラーブラウス事件」があって。

池上　ああ、日本からアメリカに安い1ドルブラウスの輸出が急増して、1955年にアメリカから日本に対する綿製品の輸出自主規制が求められた事件ですね。

柳井　それで、輸出規制との交換として、沖縄返還がなされた。日米繊維交渉ですね。

池上　「糸（繊維）と縄（沖縄）を交換した」と当時いわれました。

柳井　そう。だからやっぱり、日本の若い人たちは日本の近現代史をもっと勉強して、将来のことを考えないと。たぶんそういう発想がないから、「世界を見にいこう」という気にもならないんじゃないかな。

少しだけ無理をすると人は成長する

柳井　僕が若い人を見ていて残念なのは、「一人前になる」ということに対して熱心じゃないこと。

どんな単純な仕事も、できなければ駄目なんですよ。で、できたあとにまた考えて、よりうまくやる方法とか、何か別の方法があるんじゃないかって考える訓練をしないといけないと思う。

池上　その〝訓練〟という点でいうと、柳井さんが最近、読み返されたという『少しだけ、無理をして生きる』なんかが参考になるんじゃないですか？

柳井　いや、まさにこれですね。これ僕、昔読んだんですよ。

池上　城山三郎さんが文壇デビューしたあと、伊藤整さんから「いつも自分を少しだけ無理な状態の中に置くようにしなさい」といわれた、と。

柳井　ええ。僕らもそういうふうにしていこうと思っているし。あのね、やっぱり少し無理をするってことは、ストレッチをさせるってことですよね。

池上　ストレッチさせない限り、人間は成長しない。アスリートが筋肉を鍛えるのって、それですよね。

柳井　いや、そうですよ。

池上　全然ストレスがたまらないような運動をしたら、全然伸びないし、無理しすぎると体をこわしちゃうし。

柳井　ええ。だから少しだけ無理してこわれないこと。「無事これ名馬」ってね。「無事これ名馬」なんですよ、人間も。少しだけ無理して生きないと。

池上　私も今はフリーランスですが、ちょっと無理すればできるかもしれない、むしろそういう状況に自分を追い込んだほうが成長できると考えて、あえて難しい仕事を受けるようにしてきました。

それでいうと、少しだけ無理をして生きることが大事だけれど、本も、少しだけ無理をして読んだほうがいい。柳井さんはご著書の中で、「脳から汗が出るくらい、うんうんうなりながら読むことだ」とおっしゃっていますよね。

柳井　ライトノベルやハウツー本を読んで、偉くなったり、本当にいい経営者になった人はいないと思いますよ。

池上　いや、そう思います。

柳井　だって、それじゃ対等に話ができないもん。少なくとも、誰とでも対等に話ができるということが、成功の第一要件だと思いますね。

ドンキホーテホールディングス創業会長兼最高顧問

安田隆夫

PROFILE • TAKAO YASUDA

1949年、岐阜県生まれ。73年慶應義塾大学卒業後、不動産会社、フリーターなどを経て、78年ディスカウントショップ「泥棒市場」を創業。89年ドン・キホーテ1号店を開業。創業以来26年間連続で増収増益という偉業を達成。2015年にCEOを勇退し現職。

ドン・キホーテを一代で成長させた安田隆夫氏は、ビジネス書の類をほとんど読んでこなかったといいます。経営方針は他人に影響されるものではないという信念があるからです。それにもかかわらず帯に魅かれて『ビジョナリー カンパニー』を手に取ったという話に、「セレンディピティ」（後述）を感じました。書店にはその手の小さな奇跡が転がっています。

Yasuda's recommend

ビジョナリー カンパニー

●ジム・コリンズ著（全巻）、ジェリー・I・ポラス著（1巻）、モートン・ハンセン著（4巻）、山岡洋一翻訳（1～3巻）、牧野洋翻訳（4巻）
●日経BP社 ●本体価格計8542円+税（全4巻）

世界中の経営者に読み継がれるビジネス書の金字塔。「現代最高の経営学者」と呼ばれ、ピーター・ドラッカーの教え子でもあるジム・コリンズ氏が、膨大なデータの調査研究から企業盛衰の法則を導き出す。

掏摸《スリ》

●中村文則著 ●河出書房新社
●本体価格1300円+税

第4回大江健三郎賞受賞の小説。東京を仕事場にする天才スリ師が、かつて仕事をともにした闇社会に生きる男と再会。「三つの仕事をこなせ。失敗すれば、おまえを殺す。逃げれば、あの女と子供を殺す」と要求される。

生命40億年全史

●リチャード・フォーティ著 ●草思社
●本体価格2400円+税

大英自然博物館の主席研究員リチャード・フォーティが、地球誕生からの広大無辺な40億年をひとつの物語にまとめ上げた生命史の決定版。古生物学者である著者の発掘エピソードも多く、自分史としても楽しめる。

ハウツー本は一切読まなかった

池上　安田さんは私より一つ年上で、同じ慶應義塾大学ですけど、かなり型破りな学生だったそうですね？

安田　すぐにドロップアウトしました。

池上　あのころは、学費を稼ぐために全然大学に来ないで肉体労働をやっていたり、パチプロもいたり、麻雀荘にずっと生息しているような雀ゴロもいたりしましたね。

安田　たくさんいたんですが、就職が間近になると変身をして、みなさん立派に変わられるんですけど、私は変われなかった。いわば、生き残りみたいなものです。

池上　でも、不動産会社へは意図的にお入りになったんでしょう？

安田　ええ、もう意図的に。確信犯です。あの時点では一番独立のチャンスがつかめる業界かもしれないと思って。

池上　とにかく一国一城の主になりたかった？

安田　そういうことです。

池上　いつごろからですか？

安田　大学1年生のころですよね。私は岐阜の田舎の高校から坊主頭がよく伸びきっていないような状態で東京に出てきたので、田舎のカントリーボーイだった私と、都会の慶應ボーイの落差に、激しい劣等感を覚えました。平たく言うと彼らに対する嫉妬ですよね。でもプライドだけは高いんです。この両極を埋め合わせるには、経営者になって見返すしかないだろうと。そういうバカみたいな動機で(笑)。

池上　わかります。

安田　何をやっても勝てないんですよ。みんな本当にスマートで。

池上　私も大学から入りましたから、コンチクショーと思ったりしましたよ。大学から入ったやつは「慶應ボーイ」とはいわない。その点は共通なんです。ただ、失礼ながら、ドン・キホーテを一代でこれだけの企業にした安田さんが、実は大変な読書家でいらっしゃるというのは、ちょっと意外でした。

安田　イメージとは正反対で。照れもありまして、あまり話したことはないんです。

池上　座右の書は『ビジョナリーカンパニー』。そもそも、この本との出合いのきっかけは何だったんですか？

安田　私は、経営書というのは基本的に読まない主義なんです。経営というのは自分で考え、自分でつくるもの。あまり誰かの影響を受けるものではないし、「こうしたらいい」というハウツー的なものは一切読まなかったんです。

池上 だからこそ、チェーンストアとはまったく逆の展開ができたんですね。

安田 おっしゃる通り。書いてあればやりますからね。『ビジョナリー カンパニー』は帯に惹かれたんです。「この本はいわば、自然科学のアプローチをとった」という趣旨の帯で。経営書というよりは、自然科学書系ノンフィクションかなと。

池上 でもこれ、書店だと経営書のコーナーに並んでいたんじゃないですか?

安田 経営書のコーナーですよ。ですから本来はスルーして通り過ぎるはずだった。ところが、たまたま帯に引っかかったんです。ちょっと手に取って読んでみたらやめられなくなって、これは買おう、と。

池上 「セレンディピティ」って言葉がありますよね。偶然のようでいて、実は問題意識をもっていたからこそ出合える。つまり、経営書のコーナーは普段は通り過ぎるんだけど、どこかに企業を存続させるにはどうしたらいいかって問題意識があったから、引っかかったんじゃないですか?

安田 まさに、そういうことだと思います。感受性のセンサーみたいなものがあって、本の前で私のセンサーが反応したんだと思うんですね。

池上 書店めぐりをしているとありますよね。私もアイデアが浮かばなかったり、参考になる本がないかなって書店を歩いていたりすると、本のほうから手招きするんです。

安田　あっ、そうです、それ。その言葉がぴったりですね。手招きする。

池上　『ビジョナリー・カンパニー』に手招きされたんですね?

安田　思わず立ち読みして、5分くらいですぐ買いました。文章は平易ですけど、内容は非常に濃いと思います。

池上　翻訳は山岡洋一さんですから。達意の文章ですよね、この方は。残念ながら亡くなりましたけど。

安田　達意の文章です。そうですか、有名な方ですか。山岡さんの翻訳じゃなければ私、読んでなかったかもしれないですね。

企業組織も生命体である

池上　最近、読まれたのは『生命40億年全史』だそうですが、こういう自然科学系の本にもご関心がある?

安田　仕事にはまったく関係ないんですが、もともと自然科学に関してはすごく興味があって、大好きですね。読みふけってしまいます。

池上 生き物の進化の話って、読んでいると企業がどう生き延びるかというところと重なってきませんか？ 企業も生命体ですから。

安田 もう、おっしゃる通り。まさに企業は生命体であり、いわば組織そのものが生態系であると定義してもおかしくないと思います。強いものが生き残ったわけではない、変化に対応したものが栄えたんだというところなど、まさに企業そのままです。

池上 だから生命体においても、強いものが生き延びるならば、恐竜は生き延びているはずで。

安田 そうです。

池上 実社会においても、大企業だからってずっと存続できるわけではない。あれよあれよという間に没落する企業もあれば、小さくても突然大きくなることもある。

安田 サバイブしたものが、ある種の閾値《いきち》を超えると一気に繁栄し、また繁栄するがゆえに副作用が出て絶滅する。そういうことを繰り返してきているわけですよね。

池上 「定向進化《ていこう》」という言葉があります。

安田 はい、定向進化。

池上 いったんどんどんある方向に進化していくと、それがそのまま行きすぎてしまう。恐竜がいい例ですけど、これまた怖いですよね。

安田　企業が必ず引っかかるのが定向進化だと思いますね。あくまで手段として大きくなっているんですけど、それがどんどん目的化するということで、結果としてまさに恐竜のように変化に対応できない組織になってしまう。

池上　それでいうと、たとえばスーパーマーケットの長崎屋さんを傘下におさめられた。実は今日、中目黒本店を初めて見せていただいたんですが、生鮮食料品まで置いてあってほかの店舗とは違うなと。多様性を意図的に取り入れていらっしゃるのかなって。

安田　確かに、長崎屋には私どもにはない生鮮食品にかかわるノウハウの蓄積があります。予定調和を打破し、創造的破壊をする。その創造的破壊の一端が、長崎屋の買収だったと思っています。今後もこのような創造的破壊はどんどんやっていきたいですね。

中村文則の重厚な作風に魅了されて

池上　企業は生命体であり、組織そのものが生態系である。「生態系」という言葉でふと思い出したんですけど、昔、スーパーマーケットができる前って、地元の商店街にいろんなお店がありましたよね。

安田　ありました。

池上　八百屋さん、魚屋さん、肉屋さんって、順に店を覗きながら、「今日は何があるかな」って見つけていく楽しみ。ドンキのお店の中を見ると、その生態系を店内に全部つくっちゃったのかなと思ったんです。

安田　さすがですね。いや、池上さんに、私が内心思っていることをスパッと言い当てられましたけれども。

私どももドン・キホーテのような店がどうしてお客さまに受け入れられ、長年にわたって支持をしていただけるのかと考えると、過去の商店街に対する郷愁があるのではないか。DNAという言葉を安易に使っていいのかどうかわかりませんけど、何かしらお客さまの心の奥底にあるのではないかと思いますね。

池上　亡くなった堤清二さんにインタビューをしたことがあるんです。「つかしん」(※1)ってありましたでしょ。

安田　はい。

池上　つかしんがなぜ失敗したのか。要するに、それまでデパートをつくり、スーパーマーケットをつくってきたけれど、ご本人は本当の街をつくりたかった、と述懐されて。ごちゃごちゃとした商店街のようなものですよね。でも、幹部社員はショッピングセンターをつくるものと思い込み、「街づくり」というコンセプトを全然理解してもらえなかった、と。

安田　そうですか。いや、堤さんがあのごみごみとした横町の雰囲気を企業として具現化されたいと考えておられたなら、私よりはるかに先ですね。方法論は多少違うかもしれないですが。

池上　それはそうですね。話が本から逸《そ》れてしまいました（笑）。

それにしても、安田さんが中村文則の小説がお好きだと聞いて、ちょっとびっくりしたんですけど。

安田　ええ、私は彼の大ファンなんです。若い読者が多いと思うんですけど、『掏摸《スリ》』とか『王国』というのは、ビリビリと張り裂けるかのような緊張感が漂うストーリーで。彼は何年後かにノーベル文学賞をとってもいいのかなと思うぐらいに、僕はある種の天才だと思いますね。

池上　この本との出合いは？

安田　私はこの手の本が、だいたい好きなんです。

池上　もともとですか？

安田　人間の深淵というか、人間の奥の奥に迫ったもの、やはり小説の醍醐味って、それだと思うんですよ。結局、私は人間に興味があるんでしょうね。

表層をなでた軽やかな文章で、スッと読めるものもそれはそれでいいと思うんですけど、私は読後感の重い小説を好んで読んできました。

池上　小説って、結局は人間を書くことですからね。

安田　人間を書くことです。

池上　でも、何だろう、そういうヒリヒリとした緊張感が好きというのは……、読んでいて疲れません？

安田　疲れませんね。むしろ心地よいです。逆に緊張感がないと、ストーリーを追うのに疲れてしまうんです。緊張感があれば、早く次のページをめくって読みたいんだけど、一方でまだ次のページに行きたくないという、相反する気持ちになったり。

池上　わかります。電子書籍だとあと何ページあるかがわからないんですけど、紙の本ですと、だんだん後ろに近づくにつれて、エッ、あとこれだけしかないの？　って。

安田　そうなんですよ。小説の世界にもっと浸《ひた》っていたいのに。

池上　読書の時間って、どれくらいですか？　一日の中で、比率でいうと。

安田　そうですね、起きている時間の10％ぐらいでしょうか。多い日だと40～50％。海外で読むほうがよく頭に入りますね。海外で日本語に浸れる、その行為に脳のシナプスが喜んでいるような気がします。

ガキ大将から本の虫への大変身

池上　そもそも、本を読む習慣というのはいつごろついたんですか？

安田　私は、小学校4年生のときに目をケガしまして、今もう左目がまったく見えないんです。まさに独眼竜。そのころはどうしようもないガキ大将で、本なんかまったく読まなかったんですが、何回か入院をしまして、病院でじっとしていなきゃいけなくて、これがつらくてですね（笑）。で、しょうがなく本を読み始めたんです。そうしたら、はまりましたね。『十五少年漂流記』とか、夢中になって読みました。ですからもう、私は本に救われましたね。ケガをしたからよかった。何が幸いするかわかりません。

池上　今はじゃあ、右目だけでお読みになっている。

安田　右目だけで読んでいます。

池上　疲れますでしょう。

安田　まあ、慣れですよね。

池上　これから、どんな本を読んでいきたいですか？

安田　そうですね、現役時代にちょっと手こずった、難度の高い古典を読んでみたいなと思っています。平均寿命まで、あと20年ぐらいありますから、1年に100冊読んでも、2000冊読める。

池上　古典というのは日本の？

安田　平安時代や室町時代の日本語って、もう外国語に等しいですよね。ただ、あれを現代語訳で読んでしまうと、古文の美しいリズムや表現に触れられないので、わからなくても原文を読んで、解説文を読むというようなことを楽しめたらいいなと思っているんです。

池上　勇退されたから、時間はあるにしても、そんなのを読んでいるとまたつい経営者としての血が騒いだりするんじゃないですか？

安田　いやいや、これからは人づくりですね。

池上　そういえば今年（2016年）、参議院選挙が合区《ごうく》になるでしょう。島根と鳥取、高知と徳島がそれぞれ一つの選挙区になる。テレビの特番で、島根と鳥取の人に相手の県をどう思うかって街頭インタビューをしたんです。

そうしたら鳥取の人が「島根のほうが都会だ」と。理由が「島根にはドンキがあるのに、鳥取にはまだないから」。なるほど、地方の人はドンキが来るのを待っているんです。なんだか都会のシンボルになっていますね。

安田 それはありがたい。まあ、相当異質な店で、ルイ・ヴィトンとトイレットペーパーが一緒に買えるという、世界で初めての店ですからね（笑）。

池上 たしかに。今日はありがとうございました。

※1　尼崎市のショッピングセンター。1985年に旧セゾングループ創業者・堤清二氏の提唱によりオープン。経営不振などでセゾンは撤退、リニューアルされた。

富士フイルムホールディングス会長兼CEO

古森重隆

PROFILE • SHIGETAKA KOMORI

1939年、旧満州生まれ。63年東京大学経済学部卒業後、富士写真フイルム（現・富士フイルムホールディングス）入社。96年富士フイルムヨーロッパ社長、デジタルカメラの普及に伴い、デジタル化が急速に進み始めた2000年社長就任、03年社長兼CEOを経て、12年より現職。

写真フィルム市場が10分の1に縮小するという「本業消失」の危機を、液晶用フィルムや医薬品事業など新たな事業を成長させ、乗り越えてこられた古森会長。経営者として思い切った決断を下すとき、歴史の中で困難にぶつかった先人たちが、いかに壁を乗り越えたかを読書を通して追体験できたことが役立ったといいます。

Komori's recommend

ツァラトストラかく語りき

●ニーチェ著/竹山道雄訳 ●新潮文庫
●本体価格上550円・下630円+税

ドイツの哲学者フリードリヒ・ニーチェの4部からなる哲学的散文詩。永劫回帰の思想により、ツァラトストラが超人へと高まりゆく内的過程を表現した本書はニーチェ最後の境地であり、実存主義への端緒となった。

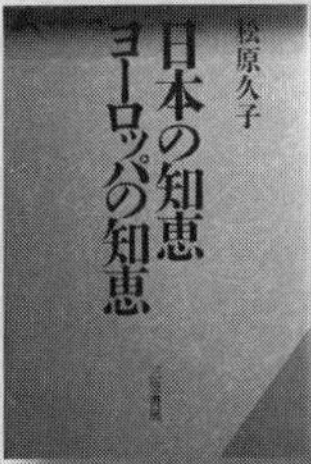

日本の知恵 ヨーロッパの知恵

●松原久子著 ●知的生きかた文庫
●本体価格630円+税

なぜヨーロッパ人は自分に非があっても謝罪しないのか。そこには文化史に根ざした深い原因がある。事実の例証を通して、日本人の本質を解明し、これからの新しい日本人の、真の国際人としての生きかたの方向を示す。

ジャン・クリストフ

●ロマン・ローラン ●岩波文庫
●本体価格計4080円+税(全4冊)

貧しい音楽一家に生まれた主人公ジャン・クリストフは、人間として、芸術家として生涯、真実を追求し続ける。この不屈の人間像は時代も国境も超えて支持されてきた。偉大なヒューマニスト作家ロマン・ローランの名作。

経営危機に生きた過去の読書体験

池上　私はよく大学で学生たちに言うんですよ。「私が学生時代、フィルムといえば、アメリカのコダックかドイツのアグファか日本の富士フイルムだった。それが今、見てごらん」と。「アグファは潰れ、コダックは日本でいう民事再生法を適用して非常に小さな会社として再出発を図っている。それに対して富士フイルムは、見事に時代の変化に対応して利益を出し続けている」と。

古森会長は、デジタル化が急速に進み始めた2000年に社長になられて、大変なご苦労をされたと思うんですけど。会社の名前がついた商品が、どんどんマーケットからなくなっていくんですからね。

古森　ええ、もう大変でしたよ。それはそれは大変でした。

池上　でもその危機に直面したとき、それまでの読書体験が役に立ったと、ご著書『魂の経営』に書かれていますよね？

古森　ええ。読書というのはもう極めて人間にとって大事なことだと思っております。知識を身につけられるということもありますが、本を読むことで優れた人、あるいは優れた生き方、優れたサクセスストーリー、いろいろなものに触れられます。そこから感じ取り、読み取り、考えるわけですけれども、人間というのは誰しも、言葉で考えるわけですよね。

池上　そうですね。

古森　考える力の基本になるのは国語ですから、国語力を養うには読書が一番いいですよね。

池上　若いころからずっと本を読んで吸収してきたことが、いざ経営者として思い切った決断を下すときに役立ったわけですね。

古森　はい。社長として、会社を正しい進路へと導かなければいけません。でも、知恵だけで解決できるものではありません。強い意志も必要です。それからリーダーシップ、極めて大きな責任を背負わなければいけないという覚悟も必要となる。

こう考えたときに、私は、「これは私の人生の意味だ」と思ったんです。「私は、この危機を乗り越えるために生まれてきたのだ」と。偉そうなことを言って申し訳ないですが。

池上　いえいえ。

古森　本当に、そう思ったんです。これを解決すること、ただ遭遇するだけでなくて解決すること。会社を延命させ、社員を救う……と言ったら大げさになりますけど。大変でしたが、決して後ろ向きになることはなかったですね。あの山に登ると。それだけのことだと。

池上 常にファイティング・スピリットを失わず、前向きでいられたのは、どうしてでしょう？

古森 それはやはり、歴史の中で困難にぶつかった先人たちの本を読んで、いかに壁を乗り越えたかを自分が追体験というか、疑似体験できたというのは大きいと思いますね。

あと、闘志を維持するというのは、女性の場合はわかりませんが、男性の場合は筋肉が大事ですよ。

池上 筋肉が？

古森 私は、週に1回、日曜日にジムに行って汗を流して、重いものを担ぎ上げたりしているんです。「マッスル・インテリジェンス」ですよ。「おい、どうする、やるのか？」と問いかけたら、筋肉が「やるんだ、打ち破ってみせる」と答える。頭だけではなくて、頭と筋肉が一体になって決断する。私は、格闘技もしていましたから。

池上　なるほど。そういえば、東大を受験したのも闘争心、「負けたくない」という思いからだった、と。

古森　日比谷高校とか、灘高とか、ああいう進学校にいたら楽だったと思うのですが、われわれ地方の高校生は当時、「四当五落」といって、4時間睡眠なら受かるけど、5時間寝たら合格できないと。

池上　あのころはよく言われましたね。

古森　ええ。だからだいたい夜中の3時、4時ぐらいまで起きていました。でもそのうち、半分は本を読んでいたんです。

池上　あ、そうですか。

古森　机に向かう勉強は受験を突破するためにやるのであって、やはり本当に大事なことは、人間としての基礎となる力を養うことだろうと。そのためにはいい本を読まなきゃ駄目だと、思っていました。

ニーチェの著作を読み「わが意を得たり」！

池上　それで、見事に東大に合格されて。目的を達成されましたが、大学時代はどうでしたか？

古森　「青春を取り戻す」というので、アメフト部に入ったり、勉強以外のいろんなこともやりましたけど、読書はやめませんでした。ニーチェに触れてから、哲学書をむさぼるように読みました。『ツァラトストラかく語りき』は、当時の自分の気持ちにすっきり収まったんです。

池上　「神は死んだ」というのは、衝撃的なフレーズですよね。

古森　結局、彼のいわんとすることは、人間というのは本来、個々に強く、賢く正しく、気高く、自由に生きるべき存在なんだ、と。羊みたいに群れるんじゃない。あるいは宗教を信じて「神のしもべであります」なんて生きるんじゃない。あなたはしもべじゃない、と言っているんです。「どうしてもっと自由に生きないんだ」と。もちろん、自分勝手にやれということではなく、正しくなければいけません。

池上　なるほど。

古森　私は終戦後、旧満州から長崎へ引き揚げてきたのですが、あのころの日本人というのは、「世間の目がある」とか、つまらないことを言うんですよ。学校の教師が「きちんと並びなさい」と、列からちょっとはみ出したらうるさく言うのです。小学生のころは、ずっと教師との闘いですよ。「そんなことはどうでもいいことじゃないか、もっと大事なことがほかにあるだろう」と、子ども心に考えていた。そういうことを考えてきた私にとって、ニーチェの思想は「もう、これは私の考えていたことと同じことじゃないか」と思ったのです。

池上 今のニーチェについてのお話を聞いていると、まさに2000年に社長に就任されたとき、自己の確立、人間の基盤ができていた。その基盤固めをしてくれたのがニーチェだった、とお感じになっているんですか？

古森 ええ。そうかもしれません。それは大きいと思いますね。

池上 だから、若い人にしてみれば、ニーチェを読んで何になるのと思うかもしれないですけど、実はそれはやがてどこかで人生の役に立つということですよね。

古森 ええ、そうですね。人生で起こる問題を解決するのは、ノウハウではないんです。自分が人生で身につけてきた知恵、考え方、勇気、美学、情熱といった人間としての総合力が解決するのです。

『ジャン・クリストフ』と『宮本武蔵』の共通点

池上 古森会長はいつごろから本がお好きになったんですか？　小学生のころです

か？

古森　そうですね。小学生のときでしょうかね。私は旧満州で生まれまして、6歳になったばかりのとき戦争に負けたのです。その後も1年間、旧満州にいました。奉天という大都会でしたけど、当時は植民地ですから、ほとんど本を読んだ記憶はありません。引き揚げて、長崎県に帰ってきまして、そのころにいろいろな少年雑誌が出始めました。昭和22、23年あたりからでしたね。

池上　「冒険王」とか。

古森　そうです。「冒険王」「おもしろブック」や「少年クラブ」などが、本屋さんの店先に並ぶようになりました。それから、近所に貸本屋もありました。そこにあるのは、荒木又右衛門や、猿飛佐助などの講談本でした。

でもすぐ物足りなくなって、父が読んでいた朝日新聞や「中央公論」、やわらかいものでは「リーダーズ・ダイジェスト」を読んでいました。「リーダーズ・ダイジェスト」は小学3年生か4年生でも読めますね。

池上　日本語版ですよね。

古森　もちろん、日本語版です。「中央公論」はなかなか難しかったです。でも、小学5年生ぐらいから読み始めたと思います。

人生観が変わるような読書体験をしたのは、高校時代ですね。高校時代といっても、まだあのころは貧しくて自分でどんどん本を買うわけにいきませんから、学校の図書館ですよね。図書館に『世界文学全集』がありました。全部で50巻ぐらいで、それをほとんど読みました。

池上　高校時代は『ジャン・クリストフ』と『宮本武蔵』に夢中になったそうですね？

古森　はい。

池上　『ジャン・クリストフ』と『宮本武蔵』では、また随分違いがあるような印象ですけど。

古森　共通点は「刻苦勉励」ということです。

池上　刻苦勉励。

古森　古い言葉で、若い人たちは知らないかもしれませんが、「自分を痛めつけるほど努力をして物事に励み、何かを成し遂げていく」。主人公のそういう姿に心を打たれて、自分もそういう生き方をしなければいけないと思ったのです。

池上　なるほど。

古森　『ジャン・クリストフ』はベートーベンがモデルと言われていますが、音楽家が自分の才能に悩みながら、あるいは、いい曲を作ることに悩みながら、一所懸命生きていく話です。

池上　ご自身もそういうふうに生きてこられましたか？

古森　全部ゆるみなくそういうふうに生きてきたわけではありません。会社に入ってから本を読み始めたのは、課長になったころです。33から35歳ぐらいから、これはやはりいろいろ勉強をしなくてはいけないな、と。人間というものをもっと研究しなくてはいけないなと、思ったからです。営業の仕事は、理屈だけでは売れないんです。コミュニケーションなんですよ。

池上　人間を知るために、本を読まなければいけないと。

古森　ええ。営業部の先輩が、中国の歴史を勉強するのが一番いいと教えてくれました。中国の歴史書には、悪人がいっぱい登場しますからね。リアリストなんですよね。

池上　権謀術数にたけた人たちが登場しますね。

古森　そうです。中国の歴史書で、人間の心理を学びました。あの権謀術数、政治、外交、駆け引き、商売、やはり大変なものですよ。『三国志』や『十八史略』、老子や孫子など、相当読みました。

生まれた国と自分に誇りを持ちなさい

池上　松原久子さんの『日本の知恵ヨーロッパの知恵』というのは、どういうタイミングで読まれたんですか？

古森　これは40代のころです。私は1996年から4年ほどヨーロッパ社長を務めましたが、この本を読んでいたおかげで、現地の人と対等に接することができました。

池上　松原さんの『驕れる白人と闘うための日本近代史』は、実は私が出版社を紹介して本になったんです。

古森　その本も会長室にあります。

池上　どちらも最初、ドイツ語で書かれたものですよね。ドイツとアメリカにずっと長く暮らしたからこそ書ける歴史と文化の比較論ですね。

古森　わが社も売り上げの60％以上が海外ですから。公平公正に西洋人の功績、日本の功績、欧州が優れているところ、日本が優れているところを整理して、劣等感も優越感も持たず、日本人としてのアイデンティティを確立しないといけません。

池上　この本を社員の方たちに配っていらっしゃると伺いました。やはり国際人として、この本に書かれているようなことを知っておいてほしいということでしょうか？

古森 そういうことです。

池上 古森会長はこれまで、自分を磨くためにいろいろな本を読んでこられました。今は、読書は娯楽のためということになりますか？

古森 私ぐらいの年齢になりますと、もう新たに取り入れるのではなくて、学んだことをいかに結果に結び付けていくか、出していくか。あるいは人に対して影響を与えていくかということだと思うんですよ。

池上 ちなみに最近は、どんな本を読まれましたか？

古森 私は昔からミステリーが好きで、冒険小説、スパイものとか、刑事ものが大好きなんです。

池上 それは日本のですか？ それとも海外の？

古森 もっぱら海外のですね。例えば、トマス・ハリスの『羊たちの沈黙』はおもしろい本でした。

池上 スパイものといいますと、ジョン・ル・カレの本ですか？

古森 ジョン・ル・カレもおもしろいですね。『ティンカー、テイラー、ソルジャー、スパイ』はよかったです。

池上　東西冷戦が終わって、もうスパイものが下火になるかと思いきや、ジョン・ル・カレは、その後も『ナイロビの蜂』など書きましたね。

古森　そうですね。『ナイロビの蜂』は企業小説ですね。この前読んだ、米国のジェイムズ・エルロイのロサンゼルス四部作もよかったですね。ロサンゼルスの警察が舞台になっている本なのですが、『ブラック・ダリア』から始まって、『ビッグ・ノーウェア』『LAコンフィデンシャル』『ホワイト・ジャズ』。この4作品はシリーズになっています。

池上　『ブラック・ダリア』『LAコンフィデンシャル』は映画にもなりましたね。

古森　そうですね。この四部作はおすすめします。おもしろいですよ。

日立製作所 元相談役

川村 隆

PROFILE • TAKASHI KAWAMURA

1939年、北海道生まれ。62年東京大学卒業後、日立製作所入社。99年副社長。その後子会社トップを歴任後、2009年に会長兼社長に就任。リーマンショックなどで大幅な赤字を出していた日立の経営再建を行い、2012年3月期には純利益が過去最高を計上。10年に社長退任。14年に会長を退任し相談役に就任。16年6月に相談役を退任。

日立製作所復活の立役者とも言われる川村隆氏。紹介してくれた中の一冊は川村氏の社内改革を彷彿とさせるビジネス書でしたが、もう一冊はドストエフスキーの作品でした。古典を読むと、人間がいかに複雑な存在なのかがよくわかります。人に指示を与え、導いていく経営者という立場に就いたら、まず読むべきは古典なのかもしれません。

Kawamura's recommend

アクション・バイアス

●ハイケ・ブルック/スマントラ・ゴシャール著
●東洋経済新報社 ●本体価格1800円+税

なぜあなたは、一生懸命働いているのに結果を出せないのか?　管理職が「あくせくしながら、結果何もしていない」現象を分析し、意味ある行動をするための指針を示した書。

カラマーゾフの兄弟

●ドストエフスキー著　亀山郁夫訳
●光文社古典新訳文庫 ●本体価格計3372円+税(全4巻)

ドストエフスキーが、その死の直前まで書き綴った長編小説。ロシアのある町で殺人事件が起こり、ミステリータッチのストーリーが展開される。家族と社会の問題を浮き彫りにした、世界文学の最高峰とも評される作品。

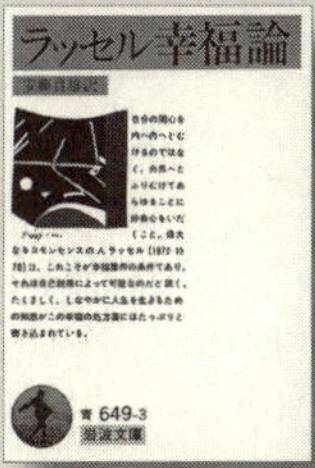

ラッセル幸福論

●バートランド・ラッセル ●岩波文庫
●本体価格780円+税

ラッセルは「自分の関心を内へ内へと向けるのではなく、外界へと向けて、あらゆることに好奇心を抱くことが幸福獲得の条件だ」と語る。人を不幸にする原因や努力、仕事、愛情などについて書かれた、幸福の処方箋。

単調な仕事の連続が大きな仕事につながる

池上 川村さんは小さいころから本がお好きだったんですね。かつて、「引退したら、おもしろい本を見つけるごとに丸一日ぶっ続けで読みふけりたい」と、インタビューで語っていらっしゃいます。

川村 「一俗六仙」の世界にあこがれてきました。仕事が「俗」、趣味が「仙」。会社人生で長く「六俗一仙」の一週間を送ってきましたから、早く逆転する生活をしたいですね。

バートランド・ラッセルが『幸福論』の中で、幸福な生き方とはどういうものかを説いています。

池上 『幸福論』というと、ヒルティとか、アランかと思いますけれど。

川村 ヒルティも随分、読んでいますよ。ヒルティは「カントリー・ジェントルマン」を推奨しているんですよね。

自然と共生し、そこから出てきて働けと言われたときには、国のために働きましょう。一仕事済んだらまた帰るというのが一番いいと。私はもう75歳ですからね。そういう生活にあこがれて、今シフトしているところです。

池上　晴耕雨読の生活ですね。

川村　ラッセルの『幸福論』は、抽象的な理念よりも、現実的な例が列挙してあっておもしろい。たとえば仕事については「おおむね、それ自体おもしろいものではないけれど、単調な仕事の連続でさえ、大きな利点がある。こつこつと真面目に努力をしていると、最後に大きな展開につながることもある」というようなことが書いてありまして。

池上　新入社員に贈りたい言葉でもありますね。

川村　我々の若いころは、本当に単調な仕事の連続でした。私の会社は技術者が8割くらいですが、地道な仕事が多いんですよ。それを長い間積み重ね続ける人が大部分なんです。

池上　川村さんも、地道な仕事を積み重ねて「終わったかな」と思ったら、突然呼び戻されたんですよね。

川村　私が69歳のとき、突然、「会社を立て直せ」と言われました。

池上　大きな組織を立て直すというのは、大変でしょう。

川村　最近の経営書『アクション・バイアス』によれば、どの会社にも、働くエネルギーの高い、いわゆる「いい子ちゃん」はたくさんいるらしいです。この人たちは髪を振り乱して一所懸命仕事をしています。でも、実際に意味のある行動を取れているとは限らない。そういう人が全体の4割だそうです。次に、働くエネルギーが低く、行動を先延ばしにするタイプが3割くらい。

池上 いますね。

川村 両者を足すと、7割になりますよね。あとは、言われたことはやるけど、それだけという人が2割。本当に自ら目的をつくって、意味のある行動ができる人は、1割しかいないということです。だから私と5人の副社長の6人で、まずはなるべく多くの社員を、この1割の領域に引きずり込もうということをやってきました。

池上 あえて火中の栗を拾う、その決断を支えたものは何ですか？

川村 「ザ・ラストマン」精神ですね。

池上 ご著書のタイトルにもなっていますね。

川村 開き直ったわけではないのですが、年を取っていたからいつ辞めてもいいと思っていましたし、飛行機で死を覚悟したこともありましたから。

池上 全日空61便ハイジャック事件。あれに乗っていらしたんですよね？

川村 1999年7月23日。北海道への出張のために乗っていたんです。

池上　ハイジャックで九死に一生を得たというのは大きいですか？　聖路加国際病院名誉院長だった故日野原重明先生も、赤軍派がハイジャックした日航機に乗っていらしたとかで。

人質になり死を覚悟して、無事解放されたとき、自分は一度死んだ人間だから、余生を世のため人のために生きようと。あの事件が転機になったとおっしゃっていました。

川村　私が乗っていた飛行機のハイジャック犯はレインボーブリッジの下をくぐりたいと言っていたと、後で聞いて驚いたんです。

池上　フライトシミュレーターのゲームが趣味で、本物を操縦したくてハイジャックしたんですから。

川村　よくご存じですね。たまたま非番で乗り合わせていたパイロットが、コックピットに突入して犯人から操縦桿を奪い返し、なんとか機体を立て直したらしいんですが、彼こそ、まさに「ザ・ラストマン」ですよね。緊急時こそ、ラストマンが必要です。

池上　沈みかけている日立を、立て直さなければと決意されたのですね。

本は、立ち止まって考えられるからいい

池上　読書は、仕事で役立ちますか？

川村　非常に役立ちます。新しい仕事をするとき、最初はＯＪＴ（オン・ザ・ジョブ・トレーニング）をしますよね。先輩にいろいろ教え込まれ、こっちも一所懸命に先輩を見てやるのはいいのだけれど、ＯＪＴでカバーできる範囲は限定的です。視野が狭い。手本にする人が素晴らしい人なら効果的かもしれませんが、周囲にそういう人がいないケースもあるわけですし。

池上　反面教師もいますから。「こういう上司になっちゃいけないな」というケースも、よくあります。

川村　そうですね。だからやはり最後は本を読まないとだめなんですよ。読書で知識を得て、それをベースに自分で考える。私も最近は『アクション・バイアス』やリンダ・グラットンさんの『未来企業』などを読みました。やっぱり仕事は読書で補わないと。

池上　読まないとどうなりますか？

川村　仕事に幅が出ません。我々は専門分野という縦穴を掘り下げているわけですが、

それに横棒を足してT字になるようにする必要があると思います。

池上　よく「T字形人間になれ」と言いますよね。上が「T」の字の横棒で、幅広く教養を身につけたうえで、自分の専門分野を縦に深掘りしていく。

川村　横棒のリベラルアーツ（一般教養）の部分は、私は読書で補います。映像で補う人もいるでしょうが、読書だと読みながら反芻《はんすう》できる利点があります。文字が頭に入ってきて、一度立ち止まって考えて、また読み始める。映像だと、こちらが考えをまとめる前に、次の映像が入ってきてしまうから、考える時間がありません。

池上　私は東京工業大学のリベラルアーツセンターで教えているので、我が意を得たりという感じです。リベラルアーツが必要だと思われるようになったきっかけはありますか？

川村　海外の経営者と付き合うようになってからですね。「東洋思想の神髄は？」「禅とはどういう考え方だ？」などと聞いてくる。海外の経営者は本当に教養豊かです。

池上　ギリシャ・ローマの哲学の基礎があったうえで、彼らは禅について語るんですよね。

川村　海外の連中と丁々発止とやるために、日本人ももっと教養を身につけるべきだと思います。

ほとんどの人は「あくせく」しているだけ

池上 川村さんは、学生時代は研究者を目指していらっしゃったんですよね？

川村 ええ。でもなかなか大変で、なれそうになくて。後にラッセルの『幸福論』を読んで、やっぱり研究者が一番よかったなと思いましたけれど（笑）。

池上 日立を選ばれた理由は？

川村 日立の本社は東京ですが、主力工場が茨城と神奈川にあった。集中できる田舎のほうがいいと思ったんです。

池上 余計な誘惑がない。夜などはゆとりというか、時間がありますよね。

川村 いや、当時は日本は復興期ですから、すごく忙しかったです。夜もよく働きました。

池上 本を読む時間はなかった？

川村 でも、みんなで真面目に「輪講」なんていうのをやったりして。

池上 どんなことをするんですか？

川村 10人くらいが集まって輪になって、読んだ論文の内容を発表し合うんです。

池上　読書会ですね。

川村　仕事に関する読書会ですね。たとえば「アメリカでは、発電機を冷やすのに純水を使っているらしいぞ」とか。確かに、仕事に関係のない書物を読む時間を確保するのには苦労しました。

池上　どうしたんですか？

川村　付き合いを悪くした（笑）。

池上　飲み会に行くのを断って、読書ですか？

川村　そういうことができるようになったのは、ある程度年を取ってからですけどね。やはり仕事の読書だけではちょっとさびしいので、『徒然草』とか『言志四録』とか……。『言志四録』はけっこうおもしろかったですよ。あれはどうも、当時のビジネス書じゃないかと思います。「本当に仕事をしているのは1割、2割。ほとんどの人は東へ行ったり、西へ行ったりあくせくしているだけである」と書いてある。

池上　古典を愛読されていたんですね。マルクス・アウレリウスの『自省録』のレビューを社内報に寄稿したら、先輩や同僚から「随分、軟弱なものを読んでいるな」とからかわれたとか。

川村　あれは茨城にいた40歳のころだったと思います。『自省録』は、僕は割合好きなんですがね。マルクス・アウレリウスは古代ローマ五賢帝の一人で、戦争と実務で忙しいわけですよ。そんな中で、夜、思索にふけってあいうのを日記代わりに書く。後世に残すために書いたのではなく、ただ自分の気持ちを綴っただけなのに、それがすごくいい。それこそ引退した後なんかに読むのに、一番いい内容ですね。

池上 働く姿勢を見直すうえでも、役に立つところがありそうですね。

川村 そうですね。以前に対談した塩野七生さんは「あの皇帝は、あまり戦争は強くなかったようですよ」っておっしゃっていましたけど（笑）。

池上 なるほど、だから自省録なんか書くわけだ。

川村 ただ、あの時代はローマ帝国が頂点を迎えた後なんですよ。だから帝国自体は揺らいでいたけれど、彼自身の責任かどうかはちょっとわからない。今の中国みたいなときですから。

なぜ日本は「仕組み」をつくるのが苦手なのか

池上 中国といえば、ちょっと話は逸《そ》れてしまいますが、AIIB（中国が主導で設立したアジアインフラ投資銀行）についてはどうですか？　日本国内でも参加すべきかどうか、いろんな議論がありましたが。
川村　私は日本も入って、中で丁々発止やればいいと思いますけれどね。まあ、お手並み拝見と見ているのもいいのかもしれませんが。
池上　日本は、仕組みをつくるということがなかなかできないですよね。欧米が仕組みをつくって、そこにどう対応するかということばかり考える。
川村　日本はGDPが2番目だったころに、そういうものをやっておくべきでした。経済力がないと発言権がないわけですから。いろいろな仕掛けをつくるチャンスはあったわけですが。
池上　今になってみるとそう思いますね。ハワイのゴルフ場を買い漁ったり、世界の名画を買い集めたりするよりほかに、やっておくことがあったと。
川村　ええ。遅まきながら日本の経営者は、日本のGDPを上げるということをもっと頑張らないと。
池上　なぜ仕掛けるという発想が足りないのでしょうか？　やはり実学一辺倒だったからでしょうか？
川村　そうですね。リベラルアーツが足りないからだと思います。グローバルな視点が足りない。日本で〝国際派〟といわれた人の多くは、最終的に、あまり偉くなっていないでしょう。

池上　そうですね。逆にかつて「まるドメ」（まるでドメスティックの略。国内でしか働けない人を揶揄する言葉）といわれた人が偉くなっている。

川村　ドメスティック全盛なんですよ、日本はずっと。新渡戸稲造だって、アメリカへ行って日本の立場をいろいろ説明しても、「あいつは視野が狭すぎる」とアメリカ人に文句を言われ、日本に帰ってくると「おまえの頭はどうなっているんだ」と言われ。国際派はみんな損しているんですよね。浮かばれない。

池上　だからこそ英語を勉強し、もっと海外のことを学ばなきゃいけない。

川村　そう思います。我々の会社もドメスティックだったけれど、いよいよ海外に打って出ようとしています。

池上　川村さんは相談役になられて、少しは自分の時間が持てるようになりましたか？

川村　時間をつくるようにしています。

池上　そういう中で、これからどんな本を読んでいきたいですか？

川村　ドストエフスキーの作品は奥が深いですね。

池上　『カラマーゾフの兄弟』を何度もお読みになっているそうですね？

川村　3回読んだんですけど。どうもあの本は、人間の無意識層のところを突いているらしいんですね。たとえば、死にそうになったときの刹那《せつな》とか、人を殺すときの刹那とか、人間の歴史の中で蓄積された本性が、超異常な状況の中で突如、表面に出てくる。それをあのカラマーゾフの兄弟の饒舌なしゃべりの中に、読み取らなければいけないんですよ。

池上　体力がいりますね。あれを読むには。

川村　ああいう作品がロシアの風土の中で出てくるのは、おもしろいと思います。ドストエフスキーは死刑判決を受けていたでしょう。死ぬ覚悟はできていたわけです。ところが銃殺される寸前に皇帝の恩赦が出て救われたという、ものすごい刹那体験が原動力になっていると思いますね。

池上　川村さんもハイジャックに遭われましたけど。

川村　いやいや、ハイジャックのほうがまだ……、だって彼は確か処刑の20秒前くらいに救われたはずですよ。

池上　ドストエフスキーとか、ああいう重厚な作品を読んでおくと、人間観が随分変わりますよね。

川村　人間は単純なものではないということが、よくわかります。

星野佳路

星野リゾート代表

PROFILE • Yoshiharu Hoshino

1960年生まれ。慶應義塾大学卒業。米コーネル大学ホテル経営大学院修士課程修了。91年、家業の「星野温泉旅館」の4代目社長に就任。エコツーリズム、地ビール事業への進出、ブライダル事業路線の改革のほか、経営破綻した大型リゾートの経営再建を次々と、成功させ、事業を急拡大。95年に星野リゾートに社名変更。

コーネル大学への留学経験もある星野リゾートの星野佳路氏は、アメリカの経営書を「教科書」としてビジネスに応用しています。自身の経験から「信頼できる」と感じているからです。課題を前にしたとき、本との出合いが解決策のヒントになり、背中を押してくれることがあります。大人になってからの「教科書」は、自分で探しに行くものなのです。

Hoshino's recommend

1分間エンパワーメント

●K・ブランチャード共著/瀬戸 尚訳
●ダイヤモンド社 ●本体価格1359円+税

何を、どう示せば社員は自ら動きだすのか。個々のパワーを最大限に引き出し、利益の向上につなげるには何が必要か。物語を通して、個々の能力とやる気を引き出し、勝てる企業に変革するための実践法が身につく。

吹けば飛ぶよな日本経済

●藤巻健史著 ●朝日新聞出版
●本体価格1000円+税

著者は、日銀の国債買い支えはもう続かず、1000兆円を超える借金で、日本はハイパーインフレの大混乱を迎えるという。その後の新しい経済をどうつくるか。この国が本来持てる力をどう発揮するか。来るべき日本を語る。

幸福に死ぬための哲学――池田晶子の言葉

●池田晶子 ●講談社
●本体価格1000円+税

日常の言葉で哲学の核心を伝え、「哲学エッセイ」という新たな分野を拓いた池田晶子。物事を正しく考え、よりよく生きるための指針となる言葉が、池田晶子の著作の中から11のテーマ別に精選されている。

アメリカの経営書を「教科書」にしたワケ

池上　星野さんの『星野リゾートの教科書』（中沢康彦著、日経BP社刊）を読ませていただきました。

星野　ありがとうございます。

池上　本当に、経営のいろいろな専門書を文字通り「教科書」として学び、応用してきたということですね。

星野　そうですね。教科書になる本を探して、理解できるまで何度も読んで、理論をそのまま実践しました。

池上　その手法は、コーネル大学のころに学ばれたことなんですか？

星野　コーネル大学で教科書になるような本に出合ったというのもあるし、まさにその本を書いた教授たちとも会うチャンスがあって。

アメリカの大学の教授陣というのは、ビジネス界とかなり密に情報交換をしているんですよ。ちゃんとリサーチしている。だからやっぱり彼らが書いた論文は、信用できるという感覚を得たんですよね。

池上 自分の判断より、ビジネススクールの教授たちがデータから導き出した法則のほうが信じられる、と。

星野 たくさんの企業を調査した結果、こういうことをした企業はうまくいっているという相関関係を見出して、その背後にあるのは何かを導き出す。私は、向こうの論文は信じることができるというふうに思ったんです。

池上 「向こうの論文は」っていうことは、日本のは？（笑）。

星野 日本のはね、たまたま成功した経営者の自慢話だったり、うまくいっている企業の事例を単にコンサルタントが取りあげていたり。企業ごとの研究が多くて、どんな業界にもあてはまるというのは、なかなかないですね。

池上 アメリカの場合は、それこそ学者といいますか、大学の先生たちが結構、経営に携わっていたりしますよね。

星野 企業がコンサルとして採用していたり、社外取締役で入っていたりしますよね。アメリカの企業はどんどん新しいものを取り入れようとするし、逆に組織内の情報もオープンにする。学界と実業界が学び合っている。カルチャーの違いなんじゃないかと私は思っているんですけど。

池上 なるほどね。そうした海外の教科書で学んで、「星野温泉」が「星野リゾート」

になっていったわけですね。

星野　田舎の旅館にバブル経済真っ盛りに帰ってきて、危機感から始まりました。あまりゆっくり経営をする余裕はなく、教科書を信じて日々必死でやってきたんですけど。でも、その一方で「組織ってこうあるといいよな」っていう感覚は、自分の中にあったんです。それは大学時代、アイスホッケーチームにいた経験からきているんですよ。ああいうスポーツチームのような組織のほうが、私にはやっぱり楽しさがある。「理想の企業像」みたいなものは持っていました。

本を読んで確信したあるべき組織のかたち

池上　慶應義塾大学のアイスホッケー部時代には、自分から手を挙げて主将になられたそうですね？「自分がやれば、チームは強くなる」と。実際、多くの部員たちを率いて、どんどん順位を上げていった。

星野　たまたま私の代にいい結果が出たんですけど……、体育会って年功序列じゃないですか。４年生がレギュラーなのに、その４年生が意外に練習しないんです。一番偉いから。

池上　偉くなるとサボる。

星野　1年生を鍛えているんだけど、試合に出るのは4年生なんです。だから試合に勝とうと思うと、4年生にいかにハードに練習してもらうか。そのためには、いろんなものを測定したり、現象を分析したり、科学的にやらないといけない。私がやったのは、組織の文化を変えていくという作業でした。

池上　今のお仕事でいえば、いかに従業員の人にも教科書のコンセプトを理解してもらい、同じような意識を持ってもらうか。

星野　監督は一緒にプレーできないでしょう。監督というのは当日、試合に入ったらほとんど役に立たないんですよ。それと同じことが実際、旅館の中でも起こっていて。社員がお客さまを目の前にして、いちいち上司や私にお伺いを立てるわけにはいかないですよね。

池上　たしかに。試合の最中は、監督は外でワァワァ言うしかないですね。

星野　ワァワァ言っていますけど、ほとんど声なんて聞こえないわけだから。

池上　そうか。

星野　現場では、選手が自分自身で判断するしかなくて。一応、フォワードとかディフェンスとかポジションは決まっているけれど、別に線が引いてあって、ポジション以外のところに入っちゃいけないってことはないじゃないですか。

池上　そうですね、うん。

星野　フィールド内はどこへでも行っていいわけですよね。企業も同じ。そこら辺のことが、ケン・ブランチャードらの『Empowerment』（邦題『1分間エンパワーメント』）の中に書いてあったんです。仕事の領域を、自由に広げることが大事だと。会社の中でも「あなたの仕事はここからここまで」とやると、ほかは全部、他部門でしょ。そうすると他部門がどうしようが、どのくらい経費を使おうが、自分には関係ないってなってしまう。それだとチームとして勝てない。

この本を読んだとき、「アイスホッケーのチームとまったく同じだな」って、衝撃的だったんです。

池上　自分がなんとなく思っていたことが、本を読んで確信に変わったということですね？

課題に直面するたびに本屋で教科書を探す

星野　今の悩みについてもそうですね。悩みを解決しようと思うと、その悩み用の教科書を探すんです。本屋へ行くと、「これがもしかしたら、今の自分の課題を解決してくれるかもしれない」なんていう理論に出合うことは、よくあるんですよ。

池上　本屋で立ち読みをして、最初の数ページを見て、ピンとくるかどうかですよね。

星野　そうそう。課題を目の前にして読むと、急にひらめくことがありました。

池上　私もニュースを解説するのが仕事ですけど、どうやって解説したらいいんだろうって、本屋へ行っていろいろ手に取って立ち読みするわけです。すると探していたテーマとはまったく違う本を読んで、突然ひらめくっていうことがあります。

それにしても、自信満々にやってこられたように見えたんですけど。

星野　いや、いや、いや、基本的には自信がないです（笑）。自信がないので、確信が欲しくて本を読む。うまく成果が出なくても、「間違っていないはずだ」という確信があれば、やり続けることができますから。

池上　いろんな世界で成功された方って、みなさんブレないですよね。

星野　ブレないでいられる、それを自分の中で支えてくれるのが教科書になる本なんです。

調子がいいときには最悪のことを考える

池上　星野さんが仕事のために経営書をお読みになるのはわかるのですが、それ以外はどうですか？　文学とか。

星野　アメリカのコーネル大学へ留学するときには、夏目漱石の本を持っていきました。あと、軽井沢に住んでいると、内田康夫さんが本が出るたびに持ってきてくださるんです。

池上　やっぱりそういうことも。

星野　はい。それから藤田さん。

池上　藤田宜永さんですね。奥様が小池真理子さん。

星野　ええ。ご夫婦にしょっちゅうお会いするので、読んでおこうと（笑）。軽井沢にいると、どんどんミステリーの世界に入ってっちゃって。

池上　お付き合いもかねて（笑）。夏目漱石はロンドンに留学して、鬱々としていたみたいですよね。星野さんは、留学先のイサカの町で、漱石をお読みになっていたんですか？

星野　イサカの町に行ったときはまったく英語がダメだったので、1日3時間くらいの睡眠時間で、ひたすら英語の勉強でした。

池上　コーネル大学時代にスピーチコンテストで優勝していらっしゃるじゃないですか。

星野　そうなんですけど、最初は分厚い事前資料をポンと渡されて、読んでこいって言われて。あれは本当に大変でした。読んでいって書いて提出するならまだ点が取れるかもしれないけど、議論をさせられて、それが評価されるんですよ。何か言わなきゃと考えてるうちに、次の話題になっていたりとか。

池上　大学時代は？

星野　ほとんど勉強してないです。もう、ずーっとアイスホッケーです。

池上　経済学部ですよね。

星野　ええ。島田晴雄先生の労働経済学の授業を取っていて、ギリギリ通過しましたけど。実はその先生が政府の「観光カリスマ百選」の選定委員長になられていて。2003年に私を「観光カリスマ」に選定していただいたんですけど、あのときは恥ずかしかった。先生に「実は私、先生の授業を取っていまして」って言うのが怖くて(笑)。

池上　今回、挙げていただいたのは経済関連の本ですよね。藤巻健史氏の『吹けば飛ぶよな日本経済』。

星野　なぜこの本を選んだかというと、私はね、経営をしていて常に気をつけていることがあるんです。それは、会社とか世の中の調子がいいときには、常に最悪のことを考える。

池上　ああ、あえて。

星野　売り上げが落ちるときはいつなんだろうって。それはどんな事件によって、どんなタイミングで落ちるのか。「噴火」などの災害もそうですけど。

私は、会社の調子が悪いときには、組織全体にポジティブなメッセージを送るんです。「いつごろこれは反転する」って予測したり。組織全体を明るくする。それが経営者の仕事だと思うんです。逆に、いわゆる「イケイケ」のときには最悪のことを考える。みんなに考えてもらいたいし、私自身も考えるようにしているんです。

池上　調子に乗りすぎないために。

星野　今、星野リゾートは案件も伸びていますし、順調に見えている。日本経済もアベノミクスで回復するんじゃないかっていう雰囲気はあるわけですよね。だからこそ、この本なんです。

池上　ハイパーインフレや財政破綻はありうるぞ、と。

星野　日本は財政問題とか、人口減少といった問題を抱えている。今だから明るくないこともしっかり理解して、調子に乗りすぎないことが大事だと思っているんですね。

池上　株価は上がったけれど、財政赤字はどんどん積み上がり続けて1000兆円を超えちゃっている。ギリシャの比じゃないわけですよね。

星野　バブル経済のときって、私はまだ20代だったんです。だけど何となく、自分の中では「変だな」って感覚があったんですよ。経営をしていたわけでもないし、仕事をしていたわけでもない。まして、経済をわかっていたわけでもないんですけど。

池上　何かおかしいぞと。

星野　「不動産は上がり続ける」って、ワンルームマンションを周りのみんなが買っていたりとか。

池上　ありましたよね。

星野　ええ。あのバブル崩壊前の感覚が……。

池上　今、またあるんですか？

星野　政府は「プライマリーバランスの黒字化を目指す」って言ってるけど、かなり大変なシナリオで。

池上　ありえないだろうと。

星野　はい。やっぱり、最悪なことも想定しなきゃいけないですね。星野リゾートは悪い時期も乗り越えて100年やってきたわけで、次の100年に向かっていくには、私がなんとか乗り切らなきゃいけないわけですから。

孫と時間を共有する3世代旅行

池上　観光業界でも、たとえば昔は団体客が多かった。それがどんどん減っていき、旅行離れが広がっていった場合、お客さんの欲しいものを見つけようとするんですか？　それとも欲しいものをつくろうとするんですか？

星野　私たちは「旅行」というのは、いまだに欲しいものの一つであると感じています。ただ、今は「どこそこに行ってみたい」ということ以上に、たとえば母・娘旅行とか、孫と時間を共有したいというお客さまが、増えていると思うんですよ。

池上　最近、多いですね。

星野　3世代旅行ですね。昔はお祖父ちゃん、お祖母ちゃんと一緒に住んでいる孫が多かったんですけど、今は別々に住んでいますから。

池上　なるほど、特に今は団塊の世代がみんな、お祖父ちゃん、お祖母ちゃんになりつつありますからね。

星野　そうです。今は旅行で時間を共有する。そういうニーズを、既存のお客さまの変化から学んでいるんですよね。

よくドラッカーなんかも言ってますけど、「予期せぬ成功がイノベーションにつながる」。いろんな変化がありますよ。一人旅も増えているんです。

池上　あ、そうなんですか。

星野　ええ。だから「星のや京都」なんかでは、一人旅専用の部屋をつくりました。調査してみると、京都は多いんですよ、一人旅が。

特に女性が多いんですね。でも、意外と日本旅館みたいなところは、一人客は断りますから。

池上　そうか、新しい需要だな。いや、私も一人旅が好きなものですから。やっぱり観光地で観光ホテルに一人って、相当ためらいます。

星野　日本人はニーズが多様化していますから、違った需要を読み取るというのはすごく大事だと思います。そこでも、しっかりと生き残っていく会社にしなきゃいけないなと。

池上　わかりました。いいときは最悪のことを想定して（笑）。

レノバ会長

千本倖生

PROFILE • SACHIO SEMMOTO

1966年、京都大学工学部卒業後、日本電信電話公社（現NTT）に入社。84年に電気通信事業が自由化されると、42歳で退社し、電気料金引き下げのために、第二電電株式会社（現KDDI）を稲盛和夫氏と共同創業。96年慶應義塾大学大学院教授。インターネットの高速かつ常時接続を実現するため、99年にイー・アクセス、2005年にイー・モバイルを創業。15年8月より現職。

通信業界で常に革命を起こし続け、今また再生可能エネルギーのベンチャーであるレノバで会長を務める千本氏。クリスチャンである千本氏によると、開拓者精神のバックボーンには、キリスト教の精神があるといいます。聖書の解説書的な側面があるという『カラマーゾフの兄弟』を読むと、キリスト教的思想に触れられるのではないでしょうか。

Semmoto's recommend

カラマーゾフの兄弟

●ドストエフスキー著 / 亀山郁夫訳
●光文社古典新訳文庫 ●本体価格計3372円+税（全4巻）

ドストエフスキーが、その死の直前まで書き綴った長編小説。ロシアのある町で殺人事件が起こり、ミステリータッチのストーリーが展開される。家族と社会の問題を浮き彫りにした、世界文学の最高峰とも評される作品。

峠

●司馬遼太郎著 ●新潮文庫
●本体価格計2210円+税（全3巻）

幕末、越後長岡藩士である河井継之助は、開明論者であり、封建制度の崩壊を見通しながら、長岡藩をひきいて官軍と戦うことになる。幕末の混乱期を武士道に生きた英傑・河井継之助の生涯を描いた力作長編。

蟬しぐれ

●藤沢周平 ●文春文庫
●本体価格690円+税

舞台は清流とゆたかな木立に囲まれた城下組屋敷。普請組跡とり牧文四郎は剣の修行に余念がない。淡い恋、友情、そして非運と忍苦。苛烈な運命に翻弄されつつ成長してゆく少年藩士の姿を、精気あふれる文章で描きだす。

起業家精神に潜むプロテスタンティズム

池上　千本さんは、「一つの業界で満足していない」という言い方は変ですけど、次々と新しい会社を創業なさいますね。第二電電（現KDDI）、イー・アクセス、イー・モバイルでいよいよ引退かと思ったら、今度のレノバはまた、まったく新しいベンチャーでしょう？

千本　そうですね。ベンチャーですね。一つのベンチャーを立ち上げて、ずっとその事業に専念する方もいらっしゃいますけど、シリコンバレーでは、いくつかのベンチャーを連続的に起こすというのが一種の憧憬の的になっているんですよ。「serial entrepreneur」といって、「連続起業家」っていうのが。

私もかつて電電公社（現NTT）にいて、そこでずっと静かに生きようと思っていたんですけど、42歳の厄年のころに第二電電を、本当に小さな部屋から始めて、12年いました。それから慶應義塾大学で教えていたんですけど、またいくつか起業して。一種の麻薬作用ですね（笑）。

池上　アドレナリン中毒ですか？

千本　アドレナリンみたいなものがありますよ。大変だけれども、それ以上の見返りというか、精神的充足感が大きい。

池上　そうなるきっかけは、アメリカの大学に留学中、ルームメートの白人に「政府出資の日本で唯一最大の電電公社に勤めている」と胸を張ったら「damn」と言われたことだったとか。

千本　面食らいました。

池上「つまらない」って、吐き捨てられたんですもんね。

千本　極めて紳士的で、ものすごく礼儀正しい男から、まったく予想もしないような反応が返ってきたものですから。何でこんな反応をするのかということを、自分の中で消化するのに半年ぐらいかかりました。

やっぱりアメリカは、メイフラワー号に乗ってやってきた人たちが建国した国ですから、フロンティアスピリットを重んじるんですよ。チャレンジした者だけがその社会の中で存在感があるというような空気が、プロテスタンティズムの勤労精神とともに、深く潜んでいるわけですよね。

池上　アメリカの開拓者精神のバックボーンには、やはりキリスト教的なものがあるんですね。

千本　ありますね。完全にあると思います。

池上　千本さんもクリスチャンでいらっしゃいますでしょ。その勤労精神が、やっぱりあるんですか？

千本　あると思います。やっぱり私が最初に第二電電をつくろうと思った根本的な動機には、キリスト教の精神に裏打ちされた社会のあり方があった。つまり社会はフェアでなければいけないという、不公正さに対する一種の憤りというんですかね。国民生活を支える通信網が、国家の独占であるのはよくないと思った。

池上　「世の中をよくしたい」という意識があったということですね？

千本　当時、ある意味じゃ、電電公社の部長をやっているなんていうのは、すごく快適な生活だったんですよ。それが、私の大恩人ですけれども、当時若手で気鋭の経営者の稲盛和夫さんと二人で、30数万人の国家企業に対して反旗を翻すというのは、一種の反逆みたいなものですよね。

池上　けしからん存在（笑）。

千本　けしからん存在ですよ。

池上　そのキリスト教的なバックボーンが、愛読書の『カラマーゾフの兄弟』につながってくるんでしょうか？

千本　そうですね。繰り返し何度も読んでいますけれど、私にとっては聖書に次ぐバイブル的な本です。

池上　最近は、亀山郁夫さんの新訳が出て、読みやすくなりましたけど。

千本　読みやすくなりました。僕は、『カラマーゾフの兄弟』は、ドストエフスキーという不世出の作家が生んだ、ある意味「聖書の小説版」というか、解説書みたいな本だというとらえ方をしているんです。

ドストエフスキーは政治運動に目覚め、危険分子としてシベリアの流刑地に追いやられて銃殺刑の直前までいくでしょう。生と死の狭間で、しかも読むことを許された本は聖書だけだった。そういう極限の状態を体験して、『カラマーゾフの兄弟』という小説を書いたんでしょうけど、やっぱり脈々と流れているのはロシア正教会の精神。なかでもゾシマ長老とか、三男・アリョーシャに純粋なキリスト教的精神というのかな、根っこの部分が、物語というかたちで表されているように思いますね。

『カラマーゾフの兄弟』で哲学論議

池上　最初に読まれたのは大学時代。そもそも、なんで『カラマーゾフの兄弟』を手に取られたんですか？

千本 私は大学時代、ほとんど勉強せずにサークル活動ばかりやっていたんです。ろくでもない学生で（笑）。カトリックの学生運動みたいなことをやっていたんですね。その中には、簡易宿泊街に対するセツルメント運動とか。

池上 あのころ、ありましたね、セツルメント運動。貧困に苦しむ人や子どもたちを支援する運動でした。共産党系のセツルメント運動もあったんですけど、キリスト教的なセツルメントもあったんですね？

千本 ありました。右も左も含めて学生運動が盛んだった時代です。そういうときに私は、カトリックの学生運動の京都のリーダーみたいなことをやっていたんです。

池上 京都大学で。

千本 いろんな勉強会とか、聖書を読む会とか、ディスカッションの会なんかをする中で、教科書になったのが『カラマーゾフの兄弟』だったんです。みんなが『カラマーゾフの兄弟』を読んでいないやつは落第生だと（笑）。

池上 みんなで読書会みたいなことをやっていたんですか？

千本 やっていました。みんなで「大審問官に対して、どう感じるか」とか。僕らのころは、学生時代に本を読んでよく哲学論議をやりましたけれども。

池上　やっていましたね。

千本　やったでしょう。今の学生は、スマホばかりだから。若いころはスマホよりこういった本を通して、自分はどう生きるのか思索を深め、人間を深化させることが不可欠だと思うんですけどね。スマホの会社なんかやっていた人間が言うのもなんですけど（笑）。

池上　ほんとうだ（笑）。それにしても、今でも『カラマーゾフの兄弟』を読み返されるということですが、どんなときにですか？

千本　一昨年も大事な親友を亡くしたんですが、この年齢になるとこの間まで一緒に議論して、一緒に飲んでいた連中がこの世からいなくなり断絶してしまうんですよ。すると「生きるってどういうことなのか」と考える。そういうとき『カラマーゾフの兄弟』をひもとくことが多いですね。池上さんも、70いくつになったらお感じになると思いますけど。

池上　いや、もう65歳で十分、感じるようになっています（笑）。

〝蕎麦〟のごとき藤沢小説に魅せられて

池上　京都大学の学生のころ、京都で哲学論議をやっていらしたということは、「哲学の道」を歩いたりもされました？

千本　ええ。東京工業大学の教授であられる池上先生にはちょっと言いづらいんですけど、私はやっぱり18歳から22歳という最も多感な時代を、京都の大学で過ごせたのはすごくよかったと思っているんですね。京都というのは、ある意味で閉じた町だと思うんですよ。しかも、その後ろには1000年の歴史的な裏打ちがある。閉じた壺みたいなところで、文化とか、ものの考え方が育まれる。京都はノーベル賞受賞者も多いでしょう？

池上　そうですね。

千本　僕らのころは湯川秀樹先生の素粒子論とか。湯川先生は漢文学の素養を備えておられましたよね。私もときどき講義を聞きにいきました。

池上　そうですか。

千本　先生はまだ、理学部で教えておられた。私が京都大学に行ったのは先生の存在も大きいんです。やっぱり京都みたいな、深いるつぼの中で長く熟成されたものが、クリエーティブなアウトプットを引き出すんじゃないか。オックスフォード大学もケンブリッジ大学も、ロンドンのど真ん中にはありませんよね。

池上　そうですね。うんと離れていますね。

千本　汽車で2時間とかね。閉ざされたところで、思考力とか想像力を少しずつ熟成させていくっていうのかな。

僕は哲学の道のすぐそばに下宿していたんですよ。あのほとりのところ。

池上　あの疏水のところの。

千本　疏水の、あそこから5、6分のところに住んでいたんです。銀閣寺の横を通って、大学までは10分くらい。

池上　これがもし東京大学に行っていたら、電電公社のままでずっと上までいっていたかもしれない。

千本　おっしゃる通り。非難囂々《ごうごう》の中、船出をするような人生をたどることはなかったと思いますね（笑）。

池上　やっぱり、京都ならではの〝アンチ〟がありますよね。

千本　ありましたね。アンチの中から何かをつくりだす雰囲気が、今でも京都にはある気がします。

企業を例にとっても、京セラにしろ、日本電産にしろ、オムロンにしろ、決して大企業ではないけれど、何かキラッと光るような存在感のある企業が京都には多くありますよね。

池上 確かにそうですね。京都だと、学生も読書にふけるという雰囲気ってありますね。

千本 ありました。喫茶店に集まってよく読みました。本は、生活から切り離せないものでした。

池上 それにしても、学生時代の愛読書は『カラマーゾフの兄弟』とのことでしたが、藤沢周平さんの『蟬しぐれ』といった時代小説もお好きだと。

千本 ジャンルが違いすぎましたかね（笑）。

池上 違いすぎますね（笑）。

千本 確かに『カラマーゾフの兄弟』は、かなりこってりしたロシア料理を食べているような感じで、藤沢周平は日本料理というか。

池上 日本料理か、あるいは蕎麦の感じですね。

千本 そうですね。飽きない。僕は藤沢周平の感性が好きなんです。自然描写から人間の生き方の書きぶりまで、読んでいて非常に心地いいんです、日本人として。藤沢文学を読み始めたのは還暦を過ぎてからですが、一冊読んだら病みつきになってすべて読みました。僕は司馬遼太郎さんの作品も好きなんですが、藤沢さんが書いているのは、司馬さんと違っていつも庶民でしょ。市井の人間の話で、ほろっとくる。ああ日本人でよかったと思わせる。

心の片隅に残る考古学者への憧憬

池上　司馬遼太郎さんもお好きで。司馬さんの作品では、『峠』がお好きなんですね。数ある司馬作品の中でなぜ『峠』なんでしょう？

千本　『峠』はやっぱり河井継之助ですよね。

池上　キャラクターですか？

千本　武士の生き方、侍とは何かということを見事に書いていると思います。司馬さんの本は寝る前に読むことが多いんですが、本当に僕にとって楽しい文学で。

司馬さんのルーツは東大阪なんですよ。大阪でも極めて庶民的で下町的なところ。引っ越してからは、そこから動かなかったんですね。産経新聞の記者をやっておられた。

池上　最初は産経新聞の京都支局ですよね。京都のお寺回りをされていた。

千本　そうですよね。司馬遼太郎っていうのは、日本の歴史をあらためて掘り起こしてくれるような作家ですよね。『峠』もそうですけど。教科書の中には全然出てこないキャラクターを新鮮に描いて、教えてくれる。

池上　いや、本当に。日本にこんな人がいたのかって驚かされる。千本さんは理系の方なのに、文学もお好きなんですね。

千本　実は、僕は大学へ進むとき、電子工学か考古学か迷いに迷って……。本当は、心の隅では考古学をやりたいという気持ちがあったんですよね。

池上　何で、また？

千本　僕が生まれ育ったのは奈良市で、南都七大寺をはじめ、由緒ある神社仏閣が庭代わりでした。東大寺も春日大社も近くにあった。そういう千数百年の歴史がいつもそばにあったので、歴史に対する親近感というのが。

池上　なるほど。

千本　家内は東京の山の手の育ちなんですけど、もう、まったく違うんですよ。いい家内なんですけど、文化論になると対立するんですよね。よく「鎌倉の古いお寺に行きましょうよ」なんて言うわけですよ。

池上　古くないぞ、と（笑）。

千本　京都のお寺でさえ、私なんかにすれば新しい。仏像でいうと、白鳳仏とか夢違《ゆめたがい》観音とか、法隆寺にあるような、ああいうのっぺりした観音様が本当の仏様であって、平安朝の丸みを帯びた阿弥陀仏なんていうのはもう新しいですね。

池上　やっぱり歴史に対しては、すごいご関心があったんですね？

千本　でも、考古学では食えないな、と。やっぱり電子工学に行ったほうがご飯が食べられると思って、最終的には電子工学に行ったんですけど。

池上　レノバは、再生可能エネルギーのベンチャーですよね。

千本　ええ。ソーラーとか風力とか、地熱とか、そういったマルチの再生可能エネルギーをやろうとしているベンチャーです。意外と日本は再生可能エネルギーの部分は、先進国の中で一番遅れているんです。このところを何とかベンチャーのかたちでやろうと果敢に闘っている集団がいたので、私は応援せざるをえないということですよ。

池上　なるほど。ご自分の若いころを見るようなんですね？

千本　そういうことです（笑）。

マネックス証券社長

松本 大

PROFILE • OHKI MATSUMOTO

1963年、埼玉県生まれ。開成高校卒、東京大学法学部卒業。87年、ソロモン・ブラザーズ・アジア証券に入社。90年、ゴールドマン・サックスに転職。94年、同社史上最年少の30歳でゼネラル・パートナー（共同経営者）となる（当時）。99年にソニーと共同で、ネット証券の草分けとなるマネックス証券を設立。

「読書の原点は編集者だった父親の本棚」と語るのは、マネックス証券創業者の松本大氏。私も父親の本棚から本を拝借した思い出があります。若者の読書離れが叫ばれる今、わが子の読書への関心の薄さを心配する親御さんも多いことでしょう。そんなときは、本をすすめるよりまずおもしろい本を自分が読んでみせることです。ある程度の年齢までの読書は、親の読書量にもかかっているのです。

MATSUMOTO'S RECOMMEND

スリランカの赤い雨

●松井孝典著 ●角川学芸出版
●本体価格1600円+税

2012年秋、スリランカに降った赤い雨の滴から分裂を繰り返す細胞のような微粒子が発見された。原始生命に酷似する微粒子の正体とは。紀元前から多くの記録が残る赤い雨の謎と、宇宙に満ちあふれる生命の秘密に迫る。

風と光と二十の私と・いずこへ

●坂口安吾著 ●岩波文庫
●本体価格860円+税

坂口炳五はいかにして安吾になったのか。求道者であり、落伍者であり、そして作家としての安吾。冷徹に現実を見つめる視線と、いたわりの視線。自分の思想や生き方と自分の過去との全面的対決である自伝的作品。

エレンディラ

●ガブリエル・ガルシア・マルケス ●ちくま文庫
●本体価格540円+税

コロンビアのノーベル賞作家ガルシア・マルケスが真価を発揮した異色の短篇集。〝大人のための残酷な童話〟として書かれたといわれる6つの短篇と中篇「無垢なエレンディラと無情な祖母の信じがたい悲惨の物語」収録。

実は「落ち着きがない」読書スタイル

池上　奥さまの大江麻理子アナとはよく番組で共演するのですが、ご結婚されてから、本を読む時間が減ったんじゃないですか？　まずはそこからお聞きしたいんですけど。

松本　今日はちょっと、緊張しております。何か、お父さんに会うみたいな感じで（笑）。

池上　えっ、そっちですか（笑）。

松本　でも、読書といっても、もともと私は家で椅子に座ってじっくり読むことはほとんどしないので、あまり関係ないですね。ほとんど移動中とか、飛行機の中で読むという感じなので。

池上　ご夫婦で、本の話はされるんですか？

松本　いや、読む本のジャンルがまったく違いますし。私は小説なんかがほとんどなんですが、彼女は難しいものを随分読んでいます。本はうちの奥さんのほうがはるかに読む。読書量でいうと比べものにならないと思います。私は難しいのはダメで。

池上　難しいってどういうことですか？

松本　長い文章とかですね。私は詩とか、短篇小説が好きなんです。長篇小説や学術的な本は全然読まない。というか、読めないんですよ。落ち着きがなくて、あまり長くは読んでいられないんです。

池上　落ち着きがなくて、じっとしていられないということが、ビジネスの世界で新しいものをつくっていこうというところに反映しているんでしょうね？

松本　もともと大学を出て、金融機関に入ったのも、落ち着きがないせいだと思うんですけど。就職時に考えたんです。どんな業界、どんな会社に行っても浮沈の波が長くて、本当にいいときとか、本当に大変なときは動きがあって楽しいと思うんですけど、普段はかなりまったりしていて、つまらないんじゃないか。それが、落ち着きがない私には耐えられなくて。

池上　楽しくない。

松本　ただ普通に生きていても事件には遭遇しませんが、事件記者をしていれば毎日が事件になるように、金融に行けば、毎日が経済ドラマなんじゃないか。飽きないんじゃないかと思って、金融に行こうと。

池上　ジャーナリズムも、毎日がドラマで刺激的ですよ。

松本　でもマーケットも毎日動くわけですよ。それは紛争によってだったり、天候だったり、政治だったり、実際にその現場へ行かなくても、マーケットから見ることができる。マーケットの中って、本当にのぞき窓みたいな感じで、いながらにして世界中で起きていることが全部見えるんです。ジャーナリズムの世界と同じぐらい毎日動きがあって、おもしろいと思います。

編集者の父の書棚から取り出して読んだ本たち

池上　ご両親は、出版社の編集者だったんでしょう?

松本　はい、講談社の。社内結婚ですね。母はすぐ辞めたんですが。父はずっと仏文をやっていまして、フランス文学の原書を読んで、おもしろいのを見つけて、版権を買って、翻訳者をつかまえてきて翻訳させ、それに校正を入れ、装丁家も連れてきてというように、ゼロから自分でつくっていたんですよね。

池上　そうですか。ということは、当然、家の中は本だらけ。

松本　本だらけですね。本当に家が沈んじゃいまして。ジャッキアップしないといけないくらい、本だらけ。壁が全部、上から下まで本棚で、しかも2列に入っている。それを、子どものころちょこちょこと引っ張り出して。

池上　やっぱりそうですか。最初に、お父さんの書棚から取り出して読んだ本って、記憶あります？

松本　江戸川乱歩の……。

池上　「怪人二十面相」シリーズ。

松本　「怪人二十面相」シリーズの『青銅の魔人』がたぶん一番最初で、『怪傑黒頭巾』とか、あとはバージニア・リー・バートンの〝Life Story〟という絵本があったんですよ。日本では『せいめいのれきし』って、石井桃子さんが翻訳をされています。これは地球が生まれたところから、恐竜の時代を経て現代に至るまでの生命の発展の物語で、マグマの話あり、恐竜の話あり、すごく印象に残っていますね。

池上　そうか、それが今回挙げていただいた『スリランカの赤い雨』につながってくるわけですね。

松本　この間、梶田隆章さんがニュートリノでノーベル賞をとられたじゃないですか。そのときにちょっと調べたんですけど、『太陽ニュートリノの謎――消えてしまった粒子を追って』っていう講談社のブルーバックスの本があって、それが出たばかりのとき、最初の1章ぐらいを読んだ記憶があったんです。発行日を見たら、私が中2の4月。たぶん親父が持って帰ったんでしょうね。

池上　講談社ですからね。

物理学者の夢を諦め高3で「文転」

松本　科学雑誌「ニュートン」の創刊が、私が高校2年か3年のときなので、それよりも前から、そんなのは読んでいたんです。宇宙が大好きで、もともと高2の秋までは、理論物理学者になるのが夢でしたから。『スリランカの赤い雨』を書いた東京大学名誉教授の松井孝典先生の本はいろいろと読んでいるんですけど、お会いして話をお聞きすると最高におもしろくて。この本は、世間的には宇宙オカルト書みたいな扱いなんですけど。

池上　でも、地球上の生命は宇宙由来という説は前からずっとありますよね。

松本　私はそれを信じているんですけれども。だって、地球は宇宙の中にあるちっぽけな存在で、確率論的にいえば生物は外からのものに由来していると考えるほうが普通じゃないか、と。でも、当たり前に地動説をわかっている人も、生物に関しては「地球由来だ、有機の海からポンと生まれた」と思ってるわけです。

池上　私もどうやって無機質が有機質になったのか疑問です。大変な飛躍ですよね。

宇宙のどこかではそういう飛躍が起きているわけですよね。

松本　ただ、地球と宇宙とでは、やっぱり年限が違うので、当然、長ければ起きやすくなるわけですよね。

池上　宇宙は138億年で、地球は46億年ですね。

松本　それもいろんな説があり、宇宙には始まりがないという考え方もあるんですよ。宇宙恒久説。

池上　ああ、ビッグバンではないという説ですか。そうか、理系志望だったんですね。それにしても、なぜ理論物理学者になる夢を諦めたんですか。

松本　高2の10月ぐらいに、ボーアモデルを学んだんですが、『物理精義』の参考書に「ボーアはボーアモデルを18歳のときに考え出した」と書いてあったんです。私はそのとき17歳と何カ月かで、物理の先生が「物理の世界はその分野で、その10年間で一番じゃないとただの人である」と言っていたので、私はどう考えてもただの人だと……。

池上　そういうことでしたか(笑)。

もがき苦しんでいた、若き日の自分が蘇る

池上　松本さんは短篇小説や詩がお好きということですが、「坂口安吾が好き」っていうのは、ちょっと意外な感じがしたんですけど。

松本　安吾はすごく好きなんです。僕は、安吾と萩原朔太郎はほとんど全部読んでいます。めずらしく、この2人の作品だけは全部。

長篇は苦手だけれど、小説を一つぐらい読みたいと思って。教科書に出てくる太宰治とかは、何か、におい的に好きになれず、たまたま教材で坂口安吾の『日本文化私観』を読んだとき、「この人おもしろいかもしれない」と思ったんです。それで「いずこへ」という短篇を読んだら、波長が合いまして。

池上　場末のバーを舞台にした、自伝的小説ですよね。

松本　ええ。「いずこへ」とか、「私は海をだきしめてゐたい」とか。

池上　奥さん、引いたりしなかったですか？（笑）。

松本　いや、大丈夫です（笑）。僕は高校生のときに読んで、何か自分と同じようなといったら僭越なんですけど、自分と重ねあわせたんですね。きれいごととか、つく

りものじゃない、等身大の人が、生きていることにもがき苦しんでいる感じがフィットしたんですよ。自分も同じように、思春期にはいろいろな葛藤がありましたから。

今の私は、別に、彼の小説のテーマとか決して好きなわけではないですけど、若き日の自分が思い出せて、原点に戻る気がして。安心するというか、すごく懐かしいんです。

池上　ガルシア・マルケスの『エレンディラ』もお好きなんですね？

松本　マルケスの作品は読んでみたかったけど、『エレンディラ』以外は長くて、僕には無理で(笑)。原書はスペイン語なのでさすがに読めないんですけど、色があって、においがするような文章で、詩とすごく似ていると思うんですよね。朔太郎の詩なんかも、ワーッと映像が広がる。素晴らしい色彩と香りがあって。「飛び出す絵本」的な感じがしますよね。

池上　なるほど。とりわけビジネスの世界で成功される方って、読書好きの方が多いですよね。

松本　私はそんなに読むほうではないと思いますが、結局、社会って、思うようにはならないでしょう。社員もお客さまも思うようにはならない。

池上　ならないですね。

松本　理不尽な場合もある。でも、そんなものじゃないですか。そういうのが、小説を読んでいると当たり前に思えてくる。僕は中学高校が開成なんですけど、先輩が現役の生徒向けに話をしたときに「開成の最もいいところは理不尽なところだ」と。開成って、先輩に「やれ」と言われたら、やらなきゃいけない。いまだにそうなんですよ。

池上　開成は運動会なんかも、すごいらしいですよね。

松本　この年になっても、先輩から何か言われると抵抗できない。もう理不尽極まりない。ただ、それを中高の間に体験できたのは、すごくよかったと。

池上　なるほど。不条理でいうと、カフカには行かなかったのですか？

松本　うーん、何なんでしょうね。

池上　安吾には惹かれるけれど、カフカには惹かれない？

松本　そうですね。全然惹かれないですね。安吾は創作じゃないと思うんですよ。マルケスは創作ですよね。でも僕からすると、マルケスの創作は媚《こ》びてない。単に絵みたいな感じがするんですよ。詩でも、朔太郎の詩はスッと清らかだけど、たとえば中原中也は、僕的には媚びている。太宰治も媚びている。何かネチッとからみついて、自分の世界に引きずり込もうとする。

池上　なるほど。

松本　安吾とか朔太郎は、他人にどう思われようが関係なく、自分をさらけ出しているだけって感じがして。

本って、友達だと思うので、酒を飲んでいても何かベターって「俺、こうなんだよ」って来られると嫌じゃないですか。嫌なんです、僕は(笑)。

書きかけた「朔太郎論」

池上　中原中也の「汚れつちまった悲しみに」とかは?

松本　ああ、もう耐えられないですね。

池上　駄目ですか。「汚れつちまった悲しみに」、私はこの言葉一言で大感動しましたけど(笑)。

松本　僕は逆に、その一言が、そこからもう駄目なんですよ。寺山修司は大好きで。語感から引いちゃう感じがあって。でも寺山修司は好きなんですよ。

池上　私は、寺山修司は引いちゃうんだよな(笑)。

松本　ありますよね、そういうの。好き嫌いの問題ですからね。池上さんは、なかなかロマンチストであられますね。

池上　えっ、わかりますか。そうなんですよ（笑）。小学生のころ、外に遊びに行けないときは、やっぱり父親の本棚にあった夏目漱石の全集から子どもも心におもしろそうだなと思った本、たとえば『吾輩は猫である』とか『坊っちゃん』を引っ張り出して読んでいました。

松本　そうか、やっぱり完全に違うんですよね。僕、漱石は駄目なんですよ。

池上　ああ、そうなんだ。いや、まったく違いますね（笑）。

松本　僕は本当に偏っていたので、安吾と朔太郎と、大人になって山田風太郎ぐらいしか（笑）。

池上　山田風太郎ね。暇で暇でどうしようもなくて、そこに山田風太郎しかないという状況のときに読んだことはあるんですけど、ちょっと駄目でしたね。でも、私も宇宙のことは、中学時代からものすごく好きでしたよ。

松本　僕もブルーバックスをいっぱい読んでいましたし、宇宙好きは共通ですね（笑）。

池上　私の場合は、フレドリック・ブラウンとか、アーサー・C・クラークとか、そっちからですけどね。

松本　でも、当社のマネックスという名前は、『2001年宇宙の旅』からきているんですよ。

池上　映画に出てくるコンピュータ「HAL」の名前は、IBMという社名を1文字ずつ前にずらしたものという説が有名ですが。

松本　要するに次世代のコンピュータである、と。マネックスっていうのは、マネーのmoneyの最後の「y」を同じように1文字前にずらして「x」にして、未来の金融。なのでマネックスの命名っていうのは、アーサー・C・クラークから来ているんです。

池上　なるほど。やっと接点が（笑）。

松本　よかった（笑）。言い忘れていましたが、実は一つ、大きな後悔がありまして。大学時代に朔太郎論を書く準備をしていたんです。いろいろな人が書いている朔太郎論を読んで、「この解釈は違う。俺のほうが勝っている」と。あのとき書いていたら、18歳のころの自分の感性を「魚拓」のように残せたと思うんですけど。

池上　惜しかったですね。もう感性が違ってますからね。18歳に比べると、「汚れっちまっています」（笑）。

松本　相当、汚れっちまっていますね（笑）。

ライフネット生命保険創業者

出口治明

PROFILE・HARUAKI DEGUCHI

1948年、三重県出身。京都大学法学部卒業後、72年に日本生命入社。ロンドン現地法人社長、国際業務部長などを経て、同社を退職。2006年に、インターネット生保の先駆けとなるネットライフ企画設立（現ライフネット生命保険）。ライフネット生命保険社長・会長などを歴任。

ライフネット生命保険の創業者の出口治明氏は、人並み外れた読書量を誇り、世界史の本を出版するほどの歴史好き。紹介してくださった本もやはり歴史物でした。出口氏のエピソードからもわかりますが、世界史の知識は外国の方とのコミュニケーションにも役立ちます。グローバル化が進む時代、私たち全員が「歴史好き」でなくてはならないのでしょう。

Deguchi's recommend

クリミア戦争

●オーランドー・ファイジズ著/染谷 徹訳
●白水社 ●本体価格上・下各3600円+税

19世紀の世界大戦であるクリミア戦争の全貌を初めてまとめた戦史。露・英・仏・オスマン帝国各国の地政学と文化から、宗教的な東方問題、若きトルストイの陣中日記、酸鼻を極めた白兵戦まで、精彩に描く。

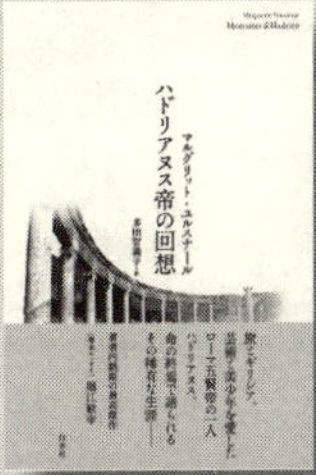

ハドリアヌス帝の回想

●マルグリット・ユルスナール著/多田智満子訳
●白水社 ●本体価格3200円+税

ローマ五賢帝の一人ハドリアヌスは、病に臥し、自らの治世と命の終焉を予期する。そして、2代後の後継者と定めたマルクス・アウレリウス宛ての書簡というかたちで、旅の日々や悩み、愛した人の死を振り返る。

邪宗門

●高橋和巳著 ●河出文庫
●本体価格 上・下各1300円+税

急逝した天才作家の最高傑作。戦時下、国家による苛烈な弾圧を受ける新興宗教団体〝ひのもと救霊会〟の誕生から壊滅に至るまでの歴史と、苦闘した人々を描いた壮大な叙事詩。

突然、海外出張でスピーチをするはめに

池上　最近書店に行くと、世界史が随分ブームになっていますね。『仕事に効く教養としての「世界史」』（祥伝社）を出された出口さんが、その火付け役ではないですか？

出口　とんでもないです。そんなことを言っていただいたら恥ずかしいですけど、僕は歴史がすごく好きで。

でも、こんな経験があります。僕は44歳のときに初めてロンドンで仕事をしたんですが、ある英国人の投資銀行に挨拶に行ったとき「英国は？」と聞かれたので「初めてです」と答えると、向こうも冗談半分で、「おまえは英国について何を知っている？」と。

池上　そこで歴代英国王の名前を。

出口　「大したことは知らないのですが、国王の名前くらい言えます」とか言って、ニックネーム付きで順番に言ったら向こうが笑いだして「おまえ、ええ奴やな」って。

僕らでもそうですよね。外国の方が来られて……。

池上　神武天皇から天皇の名前を順番に言われたら、たまげますよね？

出口　「源氏物語が好きで」とか、「神社っていいよね」とか言われたら、中身を知る前に「ええ奴やな」と思ってしまいますよね。国や文化は違っても、そんなところは同じだと思います。

池上　ワルシャワへ行かれたときは、人魚の話をされたんでしょう?

出口　あれも、たまたま。仕事で初めてポーランドのワルシャワを訪れたとき、突然スピーチをするはめになって。

池上　予定にはなかったのに。

出口　ええ。せっかくロンドンから来た日本人なんだから、ひと言でもしゃべってくれって。まったく準備をしていなかったものですから焦りましたが、ふと昔読んだ、ワルシャワの誕生にまつわる物語を思い出しまして。

「昔々、一人の漁師が川で釣り上げた人魚を逃がしてあげたことから、そのお礼に人魚は川のほとりの街を繁栄させた。人魚がつくった街に来ることができて、大変うれしい」と挨拶したところ、えらくウケて「日本人は何人も来たけれど、ワルシャワは人魚がつくった街だということを話したのは、おまえが初めてだ」って、その足で人魚の像まで案内してくれました。

池上　デンマークで人魚の話を出すならわかるのですが、ワルシャワでというのは、それだけの教養の蓄積があってこそですよね。

出口　教養というか、濫読のおかげかなと思いました。

池上　そもそも、本が好きになったきっかけはあるんですか？

出口　単純なんですが、幼稚園のころ、ぼうっと空を眺めていたら、太陽ってなんか熱くて重そうな感じなのに、なんで落ちてこないんだろうと。

池上　ニュートンみたいですね。

出口　「なんでや？」と、おやじとおふくろに聞いたら、うっとうしいと思ったんでしょうね。『なぜだろうなぜかしら』という本を買ってくれたんです。そこには、「重い石に紐をつけてぐるぐるまわしてごらん。落ちてこないでしょう」って書いてあって、子ども心にすごく腑に落ちたんですよ。で、「本を読んだら、親もわからんことがいろいろわかるんやな」と思って、本の虫になりました。

池上　そういえば、私も同じ本を親に買ってもらった記憶があります。おもしろかったですよね。

出口　おもしろかったです。「わかる」ということはすごく楽しい。腑に落ちるという感覚がすごく好きで、あれがきっかけだと思いますね。

突出した才能がないから、法学部へ

池上　京都大学の法学部へ進まれたのはなぜですか？

出口　これも恥ずかしい話なのですが、小学生のころは、フォン・ブラウン博士にあこがれて、ロケットをつくって火星に行きたいとかアホなことを考え、中学生になると、近松門左衛門の「虚実皮膜」という言葉が格好いいな、俳優もええなとか思いだしたんですけど。歌を歌えば調子はずれですし、関西弁も抜けないし。作家もいいなと思って投稿したけど、全然選ばれないし。やはり、才能がないんだなと思って。

池上　文学賞かなにかですか？

出口　中学生のですよ。ちょうど陸上もやっていたんですが、これも100メートルで12秒フラットの壁が破れなくて、俺には突出した才能がなにもないんだなと思って。じゃあ、つぶしが利く法学部か経済学部にしておこうかって。親が私立大学へ行かせる金はないと言うので、生まれ育った三重県伊賀上野から一番近い国立大学へ。

池上　京都大学といえば高橋和巳が文学部の助教授だったでしょう。私は学生時代、彼のファンだったんです。

出口　私もです。授業を受けたことがあります。遠くから、末席から聞いていただけですが。『邪宗門』は大好きです。『堕落』も好きですが。

池上　『白く塗りたる墓』の執筆途中で亡くなるんですよね。

出口　僕は奥さんの高橋たか子さんも好きで、本も全部読んでいるんですけど、高橋和巳が亡くなってから、ある文芸誌の追悼特集号に、たか子さんの「かわいそうな人だといつも思ったこと」という小文が掲載されて。

池上　衝撃でした、あれは……。

出口　すごくショックで。

池上　夫婦で作家って、本当にしんどいことなんだなと思いましたけどね。いやぁ、謦咳《けいがい》に接することができたなんてうらやましいな。

出口　池上さんが高橋和巳を大好きだとは思いませんでした。

池上　私も、まさか高橋たか子の話ができるとは思いませんでした。

なぜロシアとEUは不信感を抱きあうのか

池上　ところで、今回挙げていただいたのは『クリミア戦争』ですね。

出口　昔、「クリミア戦争」といったら、必ずノーベルのお父さんがロシア軍の機雷設置を請け負って大儲けしたとか、シュリーマンがロシアに武器を密輸して大儲けしたとかいう話を聞かされたものですが、この本にはノーベルもシュリーマンも出てこない。彼らは単に金儲けをしただけで、戦争の大きな流れとは無関係ですから。

セヴァストポリを陥落させたのは、連合国軍が鉄道の開通で大量の物資が運べたからですよね。産業革命を経た国は強いなということが本当によくわかるし、クリミア半島をどうしても勢力下に置きたい今のプーチンの考え方や、お互いに不信感を抱きあうロシアとEUの関係を理解するのにも最適の本だと思います。

池上　ナイチンゲールの評価が低かったのが、僕はちょっと不服だったのですが（笑）。

出口　戦争というひとつの事件において、どのくらいのポーションで影響を与えたかを彼なりに考えたとき、ナイチンゲールのウエートはこれくらいと判断したのだろうと僕は理解しました。

池上　まさに、全体像を見るという著者の歴史観が見えてきますね。

出口　「歴史オタク」の僕が、今年（2015年）上期に読んだ本で、トップ3に入る名著です。

ゴルフを断り土日は読書

池上　保険の世界にお入りになったのは、司法試験の滑り止めだったそうですね？

出口　当時は圧倒的な売り手市場でしたから。突然友達に誘われて長髪にセーターとジーパンのまま行ったのに、「司法試験がダメだったら来てくださいね」と親切に対応してもらって。「なんや、就職って簡単なもんやなぁ」なんて友人と話していたんですが、見事に司法試験に落ちまして……。しかし、因果応報ですね。その後、MOF担（旧大蔵省折衝担当）をやっているときに、当時、人事で僕を採用してくれた人が上司になったんです。そうしたらありとあらゆる会合で「私は長い間、人事をやっていたけど、こんな変な奴は見たことがない」って、随分酒の肴にされました。

池上　自分が採用しておいて（笑）。そういえば当時、銀行のMOF担はノーパンしゃぶしゃぶ接待とか、さんざん悪いことをしていましたが、生保のMOF担はお行儀がよかったんですか？

出口　そういう話は本当に知らなくて。行ったことがないですね。

池上　しゃぶしゃぶには行かず、本をお読みになっていたのでは？

出口　いえいえ。しゃぶしゃぶはありませんが、当時は夜中の12時を過ぎてから3軒回ることもよくありました。

池上　やはり。本を読めなくてイライラすることはなかったですか？

出口　すごくイライラしました。寝る前に1時間くらい本を読む習慣はなくならなかったのですが、ゴルフはやめようと。「ゴルフはできません」と言えば誘われないので、土日はゆっくり寝て、本を読むことにしました。

池上　それではMOF担は務まらないぞと怒られませんでしたか？

出口　大丈夫です。向こうも本音では、接待とかどうでもいいと思っているんですよ。ちゃんとしたロジックで、ちゃんとしたデータを出して、正直にコミュニケーションすることが基本。一滴も飲まず、一度もゴルフをしなくても務まる職だと思います。

池上　正直であることが一番大事だと。ライフネット生命は「正直」をキーワードにされていますよね。

出口　つまらない思い出があるんです。僕は30歳で東京に来たのですが、最初の晩に先輩が「おまえ、東京は初めてだろ。今日は銀座へ連れていってやる」と言ったんです。お姉さんがいっぱいいて、「いくつ？」と聞かれて、30歳と正直に言えばいいのに、

「27歳です」と答えた。「じゃあ干支《えと》は？」って聞かれて、詰まってしまって。

池上 実年齢より上に言ったほうが、銀座ではいいと思いますが。

出口 知らなかったんです。そんなつまらない経験もあって、やはり正直がいいと。結局、コンプライアンスって正直ということですよね。だから「会社のこともすべてオープンにしたほうがいい。その覚悟で仕事をすれば、それがコンプライアンスだ」と。株主総会も、ずっと日曜日にやっています。

池上 昔は、平日に一斉にやっていましたよね。

出口 これも自分の経験ですが、ロンドン勤務時代、めずらしく週末がまるまる空いていたので、湖水地方にひそかにドライブに行こうと計画を立てていたんです。

僕はその当時、日本生命のヨーロッパの責任者で、イタリアのウニクレーディト・イタリアーノという銀行が大株主だったのですが、株主総会をやるから来てくれ、と。それがジェノバで土曜日の3時。もう僕は遊びモードじゃないですか。つい日本の感覚で「え、なんで平日にやらないんですか」と言ってしまったら、「だってイタリアは広いんだし、全土から来てもらおうと思えば、土曜日の3時くらいがいい頃合いじゃないですか？」と言われて、目から鱗が落ちました。

ウイークデーに株主総会をやるということは「来てほしくない」という意味なんで

すよね。

池上　土曜日にジェノバなら、日曜日そこで遊べばいいじゃないですか。

出口　と思ったら、大モメにモメて、終わったのが日曜日の午前2時ごろ。

池上　株主総会がそんなに長引くなんて、日本の常識ではありえませんよね。

出口　でしょう。ドイツ銀行の株主総会も連続16時間とかです。

池上　体力勝負ですね。

出口　当時、頭取に聞いたのですが、気力・体力・知力が充実して初めてトップなので、長丁場の株主総会が務まらないような人はトップになるべきではないと。本当にそう思いました。戦争で大将が「眠い」とか言っていたら、兵隊がかわいそうですよね。

池上　今でも経営者としてそういう実感はありますか？

出口　そう思っています。朝起きて、もし僕が「疲れたな」と思ったら、そのときが辞めるときだと思っています。

詩での批判を詩で返すハドリアヌスの柔軟性

池上　それにしても、とりわけ世界史がお好きになったというのは、きっかけがあるんですか?

出口　中学生のころって、英雄にあこがれるじゃないですか。アレクサンダー大王ってすごく格好いいなと思ったんです。若くして即位して「世界征服」の野望を抱き、連戦連勝で大帝国を支配して、32歳であっけなく死ぬ。格好いい要素が詰まっていますよね。

でも、アレクサンダー大王の勝利の陰には、ダレイオス一世がつくった「王の道」があった。こうやって世界はつながっているのだなと思って、世界史が好きになりました。

池上　なるほど。心が疲れたときには『ハドリアヌス帝の回想』を読まれるそうですね。

出口　最初、20代後半で読んだのですが、文章が硬質で美しい。もちろん訳文ですが、こういう文章が書けるというだけであこがれの気持ちを持ちました。どの箇所を読んでも心が落ち着きます。

この本にも引かれていますけど、詩人フロルスがハドリアヌスに対して皮肉を込めて送った有名な詩がありますよね。「皇帝なんかにゃなりたくない。ブリトン人の間をうろついて、寒いテントで寝るなんてまっぴらだ」とかって。それに対してハドリアヌスは詩で反撃するんです。「フロルスのようになりたくない。いつも居酒屋で酔っ払って太った蚊の餌食になるなんて」。

皇帝の立場で、一介の詩人に対して詩で返すというのはすごいですよね。

池上　おしゃれですよね。返歌の文化があちらにもあるんだなと。

出口　「アホか、こんな奴に何がわかる!」ではなく、戯《ざ》れ歌で返せる柔軟性。そんなところが、リーダーにはすごく必要な気がします。

もうひとつ好きなのは、現場を回っているところです。トラヤヌスが広げすぎた世界を自分はどうするかという宿題があって、ハドリアヌスは世界を旅して回るんです。

池上　これが本当の帝王学ですね。

出口　現場へ行き、自分の目で見て、自分の頭で考えて、自分で判断するということがすごく大事なことだと思いますね。

コラム

私はこんな本を読んできた

ここまで有名経営者の読書歴を紹介してきましたが、最後は私の子ども時代からの読書歴をご紹介しましょう。

仕事場には2万冊の本があり、「読書好き」と言われる私ですが、はじめから「本の虫」だったわけではありません。父が本好きでなければ、こうはならなかったでしょう。子ども時代、父の本をこっそり読んでいるうちに、いつの間にか本の世界に魅了されていたのです。

お子さんが「本を読まない」と心配されている方がいれば、ぜひ自分の本棚から見直してください。

もし今、自分がうまく本を読めていないと感じているなら、「誰かに説明するならどうすればいいか」と考えて、アウトプットを意識しながら読んでみてください。人に説明できるようになってはじめて、読書が自分の「知識」になります。

何を読むかと同じくらい、どう読むか、も大切なのです。

IKEGAMI'S RECOMMEND

邪宗門

●高橋和巳著 ●河出文庫
●本体価格 上・下各1300円+税

急逝した天才作家の最高傑作。戦時下、国家による苛烈な弾圧を受ける新興宗教団体〝ひのもと救霊会〟の誕生から壊滅に至るまでの歴史と、苦闘した人々を描いた壮大な叙事詩。

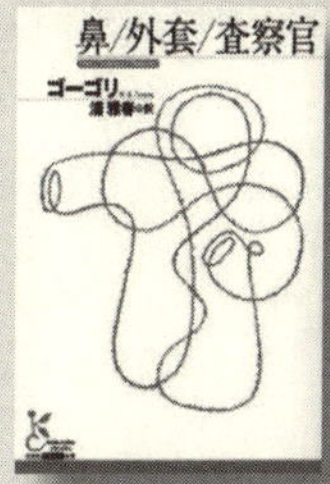

鼻/外套/査察官

●ゴーゴリ著/浦 雅春訳 ●光文社古典新訳文庫
●本体価格680円+税

ある地方都市にお忍びの査察官が来るという噂が広まり、市長をはじめ小役人たちがあわてる戯曲。ほかに、自分の鼻が一人歩きする「鼻」、貧しい官吏が新調した外套を奪われ幽霊となり徘徊する「外套」を収録。

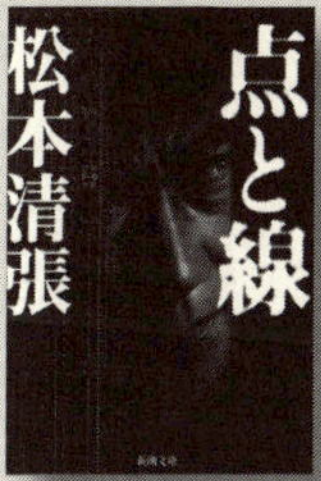

点と線

●松本清張 ●新潮文庫
●本体価格520円+税

心中に見えた事件には、汚職事件にからんだ複雑な背景があった。容疑者の鉄壁のアリバイの前に立ちすくむ捜査陣……。列車の時刻表を駆使した状況設定で、推理小説界に〝社会派〟の新風を吹きこんだ秀作。

私が「本好き」になったきっかけ

「どれくらい本を読むのですか？」とよく聞かれます。たとえばNHKの社会部時代は、毎日1冊ずつ読んでいました。通勤に往復2時間半くらいかかるので、電車の中で読むと、新書ならちょうど1章分くらい残る。残りを家に帰って最後まで読むわけです。

これまで、トータルで何冊読んだかわかりませんが、とりあえず仕事場には2万冊。NHKを辞めてフリーになり、家の近くに仕事場を借りて、段ボールで本を運んでもらったら、運送屋さんが「1万冊ですね」と。今それが倍ほどになっているので。

学生時代は、暗い暗〜い文学青年でしたよ（笑）。女の子には興味関心を示さず、ひたすら本を……。

本好きになったきっかけは、小学校3年か4年のころ、母親が買ってきて。でも、そのときは猛反発したんです。親に与えられた本なんて、読みたくないでしょう。ところが、あの時代はテレビもゲームもない。晴れた日は、学校から帰ると日が暮れるまで友達と遊びまわるのですが、雨の日はやることがない。あるいは、友達の都合が悪かったりして遊び相手がいない。そうなると暇で暇でしょうがないから、母親が買ってきた本を取り出して読んだ。すると、これがおもしろかったんですね。

たまたま父親が本好きで、家には森鷗外全集や夏目漱石全集が置いてあったので、暇なときは『坊っちゃん』とか『吾輩は猫である』とか『三四郎』とか、タイトルがおもしろいものから読んでいったんです。旧仮名遣いですから、最初は難しかったけれど、「てふてふ」と書いて「ちょうちょう」と読むとか、だんだんわかってくる。夏目漱石ってすごく勝手な当て字が多いんですよ。「なんだこりゃ」と思いながら、読書の楽しさを覚えていきました。

6年生になるころには、周りと話が合わなくなりましたね（笑）。でも中学に入ると、クラスにすごく本を読むヤツが一人いたんです。

国語の先生が「国木田独歩の『忘れえぬ人々』を読んだことのある人」と聞くと、手を挙げたのは私とそいつだけ。お互い相手に敬意を払っていましたね。彼はその後、日経新聞の記者になりました。

ほかにアンドレ・ジイドとか、ヘルマン・ヘッセとか、サン＝テグジュペリなども読みました。あるとき、教育実習生の女子大生が国語の時間に来て「最近どんな本を読みましたか？」と聞くので「サン＝テグジュペリの『夜間飛行』」と答えたら、その教育実習生が『夜間飛行』を知らないのです。「この人、本当に国語の教師になるつもりがあるのか」って思いましたね。イヤな中学生ですよね（笑）。

今、若いお母さん方から「子どもに本を読ませたいのですが、どうすればいいですか？」という質問をよく受けます。これだけ誘惑が多いとなかなか難しいでしょうが、「この本を読みなさい」と親が押し付けても絶対に読まないから、それはやめたほうがいい、と答えます。

親が本を読んで笑ったり、親同士が本について語って、「こんなおもしろい本を子どもになんか読ませられない」という態度で、書棚にしまったりしておきなさい、と。そうすると、子どもはこっそり読んだりするんです。

父から学んだ学ぶことの大切さ

家庭の雰囲気って、大きいと思いますね。私が本好きになったのは、父親の影響が大きいと思います。

父が勉強好きでね。銀行員だったのですが、大学は出ていないので、ノンキャリですよね。ノンキャリだから深夜まで働くことはない。仕事を終えると、帰りに大学の図書館へ寄って勉強をしたんだそうです。

当時、慶應義塾大学の図書館は、10円払うと誰でも利用できたそうで、父はそこで英語の勉強をしていました。

私は父が47歳のときの子どもだから、小学生のときにもう父は定年退職です。当時は、50歳定年が55歳定年になるくらいのころで、父が55歳のとき私はまだ8歳。

こっちは遊びたい盛りなのに、全然遊んでくれない。不満を持ってもいたけれど、一方ですごいなぁと思っていた。何しろ、休みの日にも父親が勉強している姿しか見たことがないんです。

父は銀行員時代に独学で通訳ガイドの国家資格を取得し、定年後は旅行会社と契約して、毎日外国人を連れて日光や箱根を案内していました。

でも90歳近くになり、急にからだが弱って家で寝たきりの生活になってしまいました。亡くなる前、私に「広辞苑が発売になったから買ってきてほしい」って。学び続けることの大切さを、教えてもらった気がします。

そんな父でしたから、私が慶應義塾大学に合格したときはとても喜んでくれました。

胃薬を飲みながら読んだ高橋和巳

ところが、入ったはいいものの、大学紛争の時代ですぐストライキ。授業がないものだから、クラスの気の合う連中ととりあえず読書会をしました。長野県の民宿、通称「学者村」へ行って、合宿したり。みんな、とにかく勉強好きでしたよ。

そういえば高校のとき、「岩波新書くらい読まなきゃ」と思って、高校の図書館にあった岩波新書を片っ端から読もうと決意したんです。順に読み進めたら、本当につまらないのがあって。〝稲作文化となんとか～〟ってタイトルだったと思いますが、いくら読んでも読み切れない。途中でやめて、結局それで挫折しました。

結局、青春期に感銘を受けた作家というのが、外国人だとドストエフスキー。日本人だと高橋和巳です。

高橋和巳を読んだのは、大学1年、2年のころ。『邪宗門』など、扱っているテーマがあまりに重くて、読んでいるとズーンと胃の奥が痛くなるんです。『我が心は石にあらず』なんて、読んだら立ち直れない。だから胃薬を飲みながら読み進める。体調がよくなったら、次の本を。そのころ、「高橋和巳が好き」というと、だいたい巨人軍の高橋一三投手と勘違いされましたが。

同じころ、福永武彦にもハマりました。静かで心に沁みるんです。『廃市』とかね。高橋和巳で胃をやられ、福永武彦で心を落ち着ける(笑)。

ちなみに福永武彦は、池澤夏樹のお父さんです。

SFとミステリーを貪り読んだ少年時代

私が幼いころは、今のような漫画文化が存在しませんでした。「週刊少年サンデー」と「週刊少年マガジン」が創刊されたのが小学校中学年のときで、それまでは漫画雑誌といえば「少年クラブ」か「冒険王」。あとは「貸本屋」に漫画がちょっと置いてあったくらいです。だから、本を読むしかなかったんですね。

わが家にテレビが来たのも、ちょうど小学5年生のとき。本を読む楽しさを知った後だったので、テレビ人間にはならず、中学時代は「S-Fマガジン」(早川書房)にどっぷりハマりました。

アイザック・アシモフ、フレドリック・ブラウン、アーサー・C・クラーク……、レイ・ブラッドベリのちょっとシニカルな作品も好きでした。日本人だと、光瀬龍、眉村卓がおもしろかったですね。『百億の昼と千億の夜』なんて、夢中になって読みました。

中学校へは電車通学でした。「S-Fマガジン」は発売日が毎月25日。駅前に書店があって、学校は8時半からなので、8時10分くらいに書店の前を通るんです。まだ店は閉まっているんだけれど、ちょうど取次から雑誌が届いて、店員さんがそれを開けようとしている時間帯です。学校が終わってから寄ればいいのに、待ちきれなくて「すみません、S-Fマガジンください」って。わくわくして休み時間と昼休みに読み、残りを帰って読んで、その日のうちに全部読んでいました。

私が「S-Fマガジン」に夢中になっているのを見て、SFを知らない級友たちが「池上が〝SMマガジン〟に夢中になっている」なんて言うから、頭にきたことがありますが（笑）。

早川書房は「S-Fマガジン」だけではなく「ハヤカワ・ポケット・ミステリ」というシリーズも出していました。新書判よりちょっと大きいサイズで、全部箱に入っていて。それにも夢中になりました。

とくに好きだったのが、エド・マクベインの「87分署シリーズ」。ニューヨークをモデルにしたアイソラという架空の都市が舞台で、87分署というのは、87番目の警察署のこと。そこを舞台に、さまざまな犯罪に対処する刑事の群像を描いているんです。一話読み切りのシリーズなので、中学校2年生の夏、図書館へ行って毎日3冊借りては翌日返し、夏休みにすべて読破しました。

アメリカという国、あるいはニューヨークという都市がどんな所か、その断面がよくわかるシリーズでしたね。

NHKの先輩記者からすすめられた本

その後、NHKに入ると、警察担当から始まります。新人時代は先輩記者から「松本清張を読め」と言われたんです。「汚職事件における政財界の構造がわかるから、清張を読んで勉強しろ」と。『点と線』から読み始めたら、松本清張にもハマって、『砂の器』とか、次から次へと読んでいるうちに推理小説が好きになり、三好徹と佐野洋の作品も全部読みました。

どちらも読売新聞の記者で、警察を取材した大先輩ですからね。

私のことをアナウンサーと勘違いしている人もいるみたいですが、もともとは記者。活字の人間です。

記者がなぜテレビに出るようになったのかというと、ある日突然、首都圏ニュースのキャスターを命じられたからです。要は業務命令です。キャスター時代、NHKのニュースがわかりにくいと文句ばかり言っていたら、「週刊こどもニュース」が始まることになり、こちらも業務命令で担当させられました。

政治、経済、歴史……全体像をつかむ読書術

「週刊こどもニュース」は1週間に起こったニュースを、子どもたちにわかりやすく伝えるという番組でした。世界で次から次へと起こるいろいろなニュースを、お父さん役の私が解説しなければならない。

社会部記者だったので〝事件もの〟はわかるのですが、中東問題やアメリカの政治となると、詳しくないので勉強するしかありません。

あのころはアマゾンなんてありませんから、「中東問題を扱う」となると、大きな書店に行って、関連本をとにかくありったけ買う。それを片っ端から読んでいくと、原典というか、本当にしっかりした〝教科書的な本〟に出合うんです。他の本はすべてその本を参考に書かれていることがわかる。孫引きみたいな本はどうでもよくて、

教科書的なタネ本を2〜3冊、それさえちゃんと読めば、全体がわかるということに気づきました。

立花隆さんも、同じことをおっしゃっていました。「全部買ってきて片っ端から読むと、教科書のような本に当たるからそれを精読する」と。

そのうち、どの本が教科書的な本か嗅覚でわかるようになるのですが、そこに至るまでは、とりあえず全部読むしかありません。毎週、扱うテーマが違うから大変でしたよ。

アメリカ同時多発テロが起きたときは、イスラム過激派がなぜあんなことをするのかがわからない。それを知るためには、そもそも「イスラム教とは」から勉強です。まずは『コーラン』を読みました。

すると、イスラム教は、ユダヤ教、キリスト教の流れがあって存在することを知るわけです。でも、キリスト教のこともよくわからないので、聖書も読む。

そのとき、ただ自分がわかればいいというだけでなく、わからない人に説明するときにはどうしたらいいかという問題意識をもって読むと、理解の深さが格段に違ってきました。アウトプットを意識して読むわけです。

私は今も、書店へ行くのが日課になっています。急ぎの場合はネット書店も利用しますが、本当に必要な本というのは、ネットのキーワード検索では引っかからない可能性があるんです。

たとえば、私が今読みたいと思っている分野は行動経済学なのですが、リアル書店の行動経済学のコーナーへ行けば「人はなぜ○○したがるのか」みたいなタイトルの本が結構あります。「行動経済学」などストレートなキーワード検索では、たぶん見つけられない本もあるでしょう。

本嫌いの若者が本好きになる1冊

このところ、若い人を中心に読書離れが進んでいるようで、寂しい限りです。私から、あえて本嫌いの人に「これはおもしろいから読んでみて」とおすすめするとしたら、高校生くらいなら赤川次郎の『三毛猫ホームズ』シリーズ。新人ビジネスマンには、池井戸潤のドラマ化された本『オレたちバブル入行組』（「半沢直樹」原作）や『不祥事』（「花咲舞がだまってない」原作）。『不祥事』は、さしずめ現代版水戸黄門です。最初は著者の文章に慣れていないから読むのに時間がかかるかもしれませんが、慣れてくると、途中からどんどん速くなります。

海外ものだとゴーゴリの『査察官』。戯曲ということもあって、すらすら読める喜劇なのですが、私は「どうやって読者をおもしろがらせているのだろう」と線を引きながら研究しました。

読書はすぐに何かの役に立つわけではありません。でも何冊も読むことで視野が広がり、教養も身につく。それはいつしか、ビジネスの現場でも大きな力になると思います。

おわりに

新聞や雑誌などさまざまなメディアをどう使いこなすか、考えてきました。中でも読者の参考になるのは、経営の第一線で活躍している人たちが、若い頃からどのように読書を積み重ねてきたかを知ることができたことではないでしょうか。

読書のきっかけや目的は異なっても、皆さん、忙しい仕事の合間を縫って読書に励んでこられました。その時々の本が、仕事にすぐに役立ったとおっしゃる人もいますが、多くは、その時点で即効性の効果を期待していなかったはずです。

ところが、後になってみると、「あのときの判断の基礎になっていたのだ」「読書の蓄積が、困難な中でも前へ進めと背中を押してくれたのだ」と気づくのです。

現実社会でさまざまな体験を積むことは不可能です。でも、読書という仮想現実の中でなら、それは可能になります。失敗したら取り返しのつかないことになる挑戦も、本の中でならOKです。さまざまなシミュレーションの場として本は使えます。

すぐには役に立たなくても、いずれじっくり効いてくる。まるで漢方薬のような働きをする。それが読書だと思うのです。

いまの若い人は本を読まなくなっています。その結果、本を読んでいるだけで、ライバルに差をつけることができてしまう世の中になりました。楽なものだとは思いませんか。

そんな心意気で、読書に立ち向かってください。後悔することは決してないのです。

本にまとめるに当たり、編集部の浜根英子さんと八村晃代さんにお世話になりました。

二〇一六年八月

ジャーナリスト・名城大学教授　池上　彰

7章「リーダーたちは何を読んできたのか」

初出「プレジデント」
2015年6.29号、2015年7.13号、
2015年8.31号〜2015年11.16号、
2016年1.4号、2016年1.18号、
2016年2.29号〜2016年5.16号、
2016年7.4号、2016年7.18号

小学館文庫プレジデントセレクト

考《かんが》える力《ちから》がつく本《ほん》

本《ほん》、新聞《しんぶん》、ネットの読《よ》み方《かた》、情報整理《じょうほうせいり》の「超《ちょう》」入門《にゅうもん》

著者　池上《いけがみ》　彰《あきら》

二〇一七年十二月十一日　初版第一刷発行

発行人　菅原朝也
発行所　株式会社　小学館
〒一〇一-八〇〇一
東京都千代田区一ツ橋二-三-一
電話　販売〇三-五二八一-三五五五
編集（プレジデント社）
〇三-三二三七-三七三二
印刷所——凸版印刷株式会社

ISBN978-4-09-470020-6

―本書のプロフィール―

本書は、二〇一六年十月にプレジデント社より単行本として刊行された同名作品を改稿して文庫化したものです。